Preconceito contra o analfabeto

Dados Internacionais de Catalogação na Publicação (CIP)
(Câmara Brasileira do Livro, SP, Brasil)

Galvão, Ana Maria de Oliveira
Preconceito contra analfabeto / Ana Maria de Oliveira Galvão, Maria Clara Di Pierro. — 2. ed. — São Paulo : Cortez Editora, 2012.

Bibliografia
ISBN 978-85-249-2013-4

1. Discriminação contra analfabeto 2. Discriminação na educação - Brasil 3. Preconceitos I. Di Pierro, Maria Clara. II. Título.

12-13063 CDD-305.937

Índices para catálogo sistemático:

1. Preconceito contra analfabeto : Sociologia 305.937

Ana Maria de Oliveira Galvão
Maria Clara Di Pierro

Preconceito contra o analfabeto

2ª edição

2013

CORTEZ EDITORA

PRECONCEITO CONTRA O ANALFABETO (col. Preconceitos – v. 2)
Ana Maria de Oliveira Galvão • Maria Clara Di Pierro

Capa: aeroestúdio
Preparação de originais: Carmen Tereza da Costa
Revisão: Rinaldo Milesi
Composição: Linea Editora Ltda.
Coordenação editorial: Danilo A. Q. Morales

Direitos para esta edição
CORTEZ EDITORA
Rua Monte Alegre, 1074 – Perdizes
05014-001 – São Paulo – SP
Tel. (11) 3864 0111 Fax: (11) 3864 4290
E-mail: cortez@cortezeditora.com.br
www.cortezeditora.com.br

Impresso no Brasil – junho de 2013

A Tomás e André, alegria e amor cotidianos.

A Gabriel, filho e amigo.

Agradecemos a Eliane Marta Teixeira Lopes a leitura atenta do texto e as sugestões realizadas. Agradecemos, ainda, a Antônia Ribeiro, Carlos Henrique Gerken, Cláudia Lemos Vóvio, Eliane Ribeiro Andrade, Marina Gonzalez e Miguel Farah por terem, de diferentes maneiras, colaborado com este trabalho.

Sumário

Apresentação

Se alguém pedisse a você, leitor, que explicitasse a primeira ideia ou expressão que vem à mente quando escuta ou lê a palavra *analfabeto*, o que você diria ou escreveria? Em momentos de formação continuada com alfabetizadores de jovens e adultos, propusemos esse desafio.[1] Ao lado de respostas como "pessoa que não sabe ler e escrever", "pessoa a quem falta letramento e alfabetização", "pessoa que sabe menos", "pessoa que não tem conhecimento", "pessoa que não compreende alguma coisa" ou "pessoa sem instrução", vieram muitas outras. Incapaz, incompleto, dependente, perdido, manobrado, cego, coitado, sofredor, despreparado, desumanizado, isolado, alienado, massa amorfa, aquém da sociedade, desinformado, fome, pobreza, classe dominada, exclusão, segregação, sem acesso aos direitos, discriminação, Brasil, preconceito, foram algumas delas. Cidadão, sabedoria e curioso foram outras.

Se fizermos uma análise dos significados que essas palavras expressam, podemos observar que um primeiro grupo de expressões

1. Fizemos essa atividade em palestras de formação do programa *Brasil Alfabetizado* (MEC/Universidade Federal de Pernambuco/Prefeituras das cidades do Recife e de Igarassu-PE), em três ocasiões distintas, com a participação de cerca de 250 alfabetizadores pertencentes ao programa.

busca identificar os atributos desse sujeito. Essa caracterização se dá, na maioria dos casos, assim como faz a própria palavra *analfabeto*, por aquilo que o sujeito não possui. Distingue-se, assim, alguém, pela falta de algo. O analfabeto é alguém que *não* sabe ler e escrever, é alguém que *não* é capaz, *não* é preparado, *não* é informado, *não* é humanizado, *não* tem conhecimentos.

As expressões que se referem ao que esse sujeito tem — e não ao que ele não tem — são menos frequentes e, em geral, carregadas de um sentido negativo: são pessoas, por exemplo, dependentes, perdidas, sofredoras, coitadas e alienadas. A presença das expressões cidadão e curioso configura exceção a esse quadro mais geral.

É interessante observar também que as palavras e expressões citadas se referem, mesmo que isso não esteja explícito, a um sujeito particular: o adulto. Não se relaciona o analfabetismo à criança, mas àquele a quem já se atribui essa identidade de forma cristalizada.

Um outro grupo de expressões parece buscar explicar por que existem pessoas analfabetas, sobretudo na sociedade brasileira. Essas expressões vinculam o analfabetismo à segregação e à exclusão sociais, à pobreza, à classe dominada, à fome, à ausência de direitos.

Um terceiro grupo de expressões relaciona, por sua vez, a condição de não saber ler e escrever ao preconceito e à discriminação.

Podemos perceber, por meio dessa pequena reflexão, realizada a partir de uma situação concreta, que a palavra *analfabeto* é, na sociedade brasileira contemporânea, com poucas exceções, carregada de significados negativos. Podemos inferir, também, que a relação que as pessoas, de modo geral, tem com o analfabeto é mediada por preconceitos, por pré-julgamentos, por estigmas.[2]

---

2. Utilizamos, ao longo do livro, a expressão estigma a partir dos sentidos que lhe atribui Goffman (1988).

Poderíamos, então, fazer algumas perguntas a partir dessa constatação mais geral: como essas visões sobre o analfabeto e o analfabetismo são disseminadas, cotidianamente, em nossa sociedade?; como as pessoas que não sabem ler e escrever lidam com essas representações e discursos?; como elas próprias se veem?; em que medida incorporam o que dizem sobre elas? Buscamos responder essas e outras perguntas no Capítulo I deste livro.

Poderíamos perguntar, também, se essas relações entre analfabetismo, de um lado, e incapacidade, dependência e pobreza, de outro, foram recorrentes na história do Brasil e em outras sociedades. Que momentos da história do nosso país podem ser considerados marcantes no processo de produção desse tipo de discurso? Aquele que não sabe ler e escrever é considerado "menor" em todas as culturas? Em outras palavras, o preconceito é universal e indiferente às especificidades dos tempos e sociedades históricos? É o que buscamos discutir no Capítulo II.

O Capítulo III procura responder às perguntas sobre quantos e quem são, e onde estão, os analfabetos brasileiros, analisando as estatísticas relativas à distribuição do analfabetismo nos grupos sociais e no território brasileiro.

No Capítulo IV, discutimos o modo pelo qual os estudos que vêm sendo realizados, pelo menos há um século, têm contribuído para referendar, de maneira direta e mecânica, ou tornar mais complexas as relações entre, por exemplo, analfabetismo, cidadania e desenvolvimento econômico e social ou entre alfabetização e desenvolvimento cognitivo. Discutimos, assim, em que medida essas pesquisas podem ajudar a compreender, de maneira não dicotômica, as relações entre cultura popular e cultura letrada ou entre oralidade e escrita.

Nas Considerações Finais procuramos extrair das reflexões realizadas ao longo do livro elementos de apoio a práticas pedagógicas que, valorizando aquilo que o analfabeto tem (e não o que lhe falta), possibilitem a sua inserção mais efetiva em uma sociedade marcada pela presença da escrita.

O livro traz, ainda, um Glossário com os principais conceitos referidos ao longo dos capítulos e uma Bibliografia Comentada das principais obras utilizadas para o leitor que pretenda aprofundar seu conhecimento sobre a temática.

Capítulo I

Vivendo o preconceito e a condição de analfabeto

O direito à alfabetização e sua violação

O pensamento social dominante na atualidade atribui à alfabetização grande importância para os indivíduos e coletividades. A alfabetização é considerada um dos pilares da cultura contemporânea, pelo valor que a leitura e a escrita adquiriram no modo de vida nas sociedades urbano-industriais permeadas pela ciência e tecnologia, e também por ser uma ferramenta que permite o desenvolvimento de outras habilidades igualmente valorizadas nesse âmbito. Apesar da globalização da economia e da cultura observada na transição do último milênio, nem todos os povos partilham a mesma experiência histórica ou condições econômicas e culturais similares. Isso torna problemática a generalização das premissas relacionadas à alfabetização, na medida em que obscurecem a compreensão dos grupos sociais entre os quais predominam as formas orais de comunicação, o que deixa terreno aberto ao estabelecimento de hierarquias sobre as quais se constroem preconceitos.

A difusão da alfabetização ao longo da história da humanidade e a sua distribuição desigual nas sociedades e regiões do mundo foram (e ainda hoje são) resultantes de processos heterogêneos. Nos países centrais do desenvolvimento capitalista ocidental, ao longo do percurso de construção dos direitos civis, políticos, sociais e culturais na modernidade, a educação elementar — a começar pela alfabetização — foi reconhecida não só como direito básico dos cidadãos, mas também como dever e responsabilidade dos indivíduos perante a sociedade. Por esse motivo, mesmo o pensamento político liberal, zeloso das prerrogativas individuais, admitiu que a escolarização inicial fosse imposta como obrigação. A generalização da modalidade escolar de aprendizagem permitiu, em alguns países da Europa e da América do Norte, que a alfabetização estivesse amplamente difundida já no final do século XIX, ainda que as práticas de leitura e escrita variassem muito entre as diferentes categorias sociais. Na segunda metade do século XX, o pensamento hegemônico que se conformou em torno do tema proporcionou que a educação fosse considerada direito inalienável de todo cidadão — inclusive o adulto —, inscrito em 1948 na Declaração Universal dos Direitos Humanos e no Pacto Internacional sobre Direitos Econômicos, Sociais e Culturais de 1966, assim como em diversas outras convenções e iniciativas internacionais.

O reconhecimento do direito à educação no sistema jurídico internacional e de cada país é condição necessária, mas insuficiente para sua garantia, que depende da forma como a cidadania se realiza em cada contexto, como resultado dos conflitos e consensos sociais que se estabelecem em cada momento histórico determinado. No que se refere ao direito à alfabetização, há ainda um longo caminho a percorrer: organismos das Nações Unidas estimam que 771 milhões de jovens e adultos em todo o mundo sejam analfabetos, a maioria dos quais são mulheres e vivem em países pobres ou nos quais a riqueza é distribuída de modo muito desigual. Há ainda cerca de 100 milhões de crianças e adolescentes que não têm acesso a escolas, o que configura, à luz da visão universalista e das instituições internacionais de justiça, uma violação dos direitos humanos.

Quando a difusão da alfabetização ou a construção do direito à educação ao longo da história são objetos de pesquisa, a análise não incide sobre os indivíduos, mas sobre as coletividades e os processos político-econômicos ou socioculturais que se desenvolvem em seu interior. Entretanto, é incomum que pessoas analfabetas abordem a questão como problema coletivo ou expressem consciência da violação de seus direitos educativos, como faz José, adulto analfabeto que mora em São Paulo, no depoimento que segue:

> Logicamente que a educação é um direito, não é privilégio. Mas esse direito foi negado desde que a gente nasceu! Hoje em dia, se a gente parar e pensar tá sendo um privilégio. (...) Isso é revoltante. (...) Eu continuo sendo analfabeto até hoje. (...) Eu nunca fui pra uma escola do governo estudar. (...) Então o que eu posso dizer de um país desse? Dizer que eu tenho orgulho de ser brasileiro? Não. (...) Tem que acabar com isso. Os direitos são iguais. Onde termina o direito de um, começa o direito do outro. E a gente aprendendo a respeitar os direitos dos outros, tá fazendo prevalecer o da gente. (José, nascido em Feira de Santana, Bahia, vive em São Paulo) (Citado por Vóvio, 1999, p. 177.)

Na maior parte das vezes em que conversamos com pessoas jovens e adultas que não sabem ler ou escrever, o analfabetismo não é percebido como expressão de processos de exclusão social ou como violação de direitos coletivos, e sim como uma experiência individual de desvio ou fracasso, que provoca repetidas situações de discriminação e humilhação, vividas com grande sofrimento e, por vezes, acompanhadas por sentimentos de culpa e vergonha. É sobre essas vivências que trata este capítulo.

Vivendo o preconceito e a condição de analfabeto

Os relatos e estudos sobre os jovens e adultos que não sabem ler e escrever revelam, de um lado, a rica diversidade cultural da sociedade brasileira e, de outro, expõem trajetórias de vida relativamente homogêneas. A ampla maioria dos analfabetos é constituída por pessoas oriundas do campo, de municípios de pequeno porte, nascidas em famílias numerosas e muito pobres, cuja subsistência necessitou da mão de obra de todos os membros desde cedo. O trabalho precoce na lavoura, as dificuldades de acesso ou a ausência de escolas na zona rural impediram ou limitaram os estudos dessas pessoas na infância e adolescência. Nessas famílias, em que os adultos também não estudaram, os saberes adquiridos no trabalho costumavam ser mais valorizados que os conhecimentos veiculados pela escola.

> Eu tive dificuldade pra estudar porque desde a idade dos dez anos minha profissão era trabalhar, porque nós era dez irmãos e meu pai sempre foi doente, então muita coisa que eu fiz na vida foi trabalhar demais até hoje, era difícil ir na escola, foi mais por causa disso, não podia também, tinha que trabalhar pra pôr as coisas em casa. (Silvânia, Goiás) (Citado em Abramovay e Andrade, 2005, p. 149.)

As situações de leitura e a escrita foram raras na vida cotidiana dessas pessoas, restritas a eventuais cartas, contas de armazém ou cerimônias religiosas. Os contatos sociais eram limitados à família e vizinhos, e as aprendizagens relacionadas ao trabalho doméstico ou na lavoura realizadas por imitação ou mediante instruções verbais. Alguns foram à escola por períodos curtos e descontínuos, onde realizaram aprendizagens pouco significativas, e vivenciaram experiências de fracasso, castigo e humilhação. A interrupção dos estudos e o reduzido uso social das habilidades adquiridas na escola levaram posteriormente à regressão a condição de analfabetos.

> Só o meu nome que eu aprendi. O chato mesmo é que eu não aprendi mais nada. Só o nome, porque eu não sabia. Só sabia o ABC, também eu já sabia, já comecei a ler um pouco o ABC e já comecei a aprender as letras só. Depois que eu parei eu esqueci tudo de novo. (Amauri, 26 anos, original de Tremedal, Bahia, há quatro anos vivendo em São Paulo) (Citado por Vóvio, 1999, p. 75.)
>
> "Eu fui à escola e só aprendi régua na mão, de castigo. Mas, por quê? Por causa dos meninos, porque eu raspei minha cabeça e os colegas ficavam me zombando. E a gente ia para a diretoria, onde tinha uma palmatória, eu achava ruim e elas me colocavam de joelho no milho. (Arapiraca, Alagoas) (Citado em Brasil, 2003, p. 9.)

As pessoas mais idosas, que continuaram vivendo nesses municípios de pequeno porte onde não encontram maiores motivações para prosseguir nos estudos, procuram ao menos superar o constrangimento da exposição social da condição de analfabetos aprendendo a assinar o próprio nome:

> Estou na casa dos 60, 70, mas eu gostaria muito de poder continuar. Não é para arrumar um emprego. Pra gente chegar num lugar e perguntarem: Sabe assinar? Não, senhor. É triste. (Alfabetizando de Major Isidoro, Alagoas) (Citado em Abramovay e Andrade, 2005, p. 42.)
>
> Porque eu penso assim: vai estudar para morrer? Vai levar estudo para o caixão. É o que eu penso. Eu queria estudar quando eu era nova. (Foz do Iguaçu, Paraná) (Citado em Brasil, 2003, p. 24.)

Aqueles que se aventuraram na migração para cidades maiores em busca de melhores condições de vida e trabalho, no entanto, tiveram que enfrentar com mais frequência situações de preconceito e responder aos desafios dos novos contextos, em que os usos da leitura e da escrita são mais difundidos, permeando a vida cotidiana e as relações sociais.

Migrações

A urbanização e a concentração da população em metrópoles são um fenômeno mundial associado às transformações socioeconômicas do século passado. No Brasil, o crescimento populacional observado na segunda metade do século XX foi acompanhado por intensa migração do campo para as cidades, predominando os fluxos do Nordeste para o Sudeste. O êxodo rural representou um fenômeno de grande magnitude: cerca de 27 milhões de brasileiros deixaram o campo para viver em cidades entre os anos 60 e 80, num processo de urbanização que fez com que a população rural, que em 1960 representava 54% do total, fosse reduzida a 17% em 2004.

Em grande parte dos casos, a migração rural-urbana tem um custo pessoal muito alto, pois ao sofrimento decorrente da perda de referências familiares, culturais e socioambientais se soma a necessidade imperiosa de aprendizagem dos comportamentos que permitem ao migrante adaptar-se de maneira menos dolorosa ao novo contexto, tais como o manejo da linguagem, estilos de vida e ocupações urbanas, o que implica reavaliação dos saberes e modos de vida tradicionais e mudança de identidade sociocultural.

No caso dos migrantes, a condição de analfabetos não opera isoladamente na produção das experiências de discriminação, combinando-se a outros lugares que determinam as hierarquias sociais, como a condição econômica, a origem étnico-racial, o gênero ou a variante linguística. "Não saber ler e escrever é, como outras marcas distintivas da pobreza, um símbolo da condição de subalternidade" (Mello e Gomes, 1992, p. 21). Nas interações sociais a que são expostos quando chegam às metrópoles, os migrantes analfabetos ou pouco escolarizados logo se dão conta de que não preenchem as expectativas normativas dominantes, percebendo o estigma que lhes imputam por acumular as condições de roceiros pobres, negros, nordestinos, iletrados e falantes de variedades desprestigiadas da língua portuguesa.[1]

> (...) acho que sempre é uma coisa difícil. Você é rude, você não sabe nada. Você não sabe falar. Todo mundo ignora, todo mundo dá risada quando você fala errado. Então até você se adaptar, até as pessoas acostumarem com seu modo de ser é muito difícil. E o pessoal daqui discrimina muito. Baiano, nordestino é burro, não sabe falar, não sabe se vestir. Então eles discriminam muito, é muito difícil a relação assim, sabe? (Josefa, 20 anos, oriunda de Piancó, Bahia, residente em São Paulo) (Citada por Vóvio, 1999, p. 77.)

Ao perceberem que sua aceitação e relações sociais são condicionadas pelos atributos estigmatizantes, sentem-se inadequados e inseguros, têm a sensação de exposição e de invasão de privacidade. Esses sentimentos ficam evidentes no depoimento a seguir:

> Ser pobre não é defeito, para mim é um orgulho. Agora, não saber é um defeito, igual defeito físico, quando você chega num lugar, a pessoa olha para você e já enxerga logo. (...) Parece que a gente pensa que está escrito na testa da gente. Porque tudo em cima da gente muda. O jeito da gente caminhar, o jeito da gente pegar numa coisa, o jeito da gente se sentar na mesa, o jeito da gente se servir. Quando a gente vai falar uma coisa a pessoa não entende do jeito que a gente fala, porque às vezes a gente fala de um jeito, quem sabe ler fala de outro jeito. Muda, nem que seja uma letra, seja lá o que for, aí a gente fica com medo. Na hora que a gente entra num lugar só pensa que está todo mundo olhando para a gente, achando que a gente é, sei lá, assim um tipo de bicho, marginal. Sinceramente, eu me sinto assim. (Caxias, Maranhão) (Citado em Brasil, 2003, p. 20 e 27.)

---

1. Muitos linguistas reconhecem a grande diversidade do português oral brasileiro e criticam a desvalorização dos falares que se distanciam da norma culta padrão (próxima à escrita literária escrita), ponderando que esse tipo de discriminação decorre de preconceito social em relação aos sujeitos da fala, uma vez que os fenômenos fonéticos que a distinguem são correntes na dinâmica da língua e podem ser encontrados também na história das variantes que desfrutam de prestígio (Bagno, 2005).

Não é por outra razão que uma das motivações e das aprendizagens mais valorizadas pelos migrantes analfabetos que estudam na idade adulta se refere à ampliação dos recursos expressivos que favorecem as interações com pessoas de origem social diversa.

> (...) é tão gostoso a gente saber conversar com um juiz, com um deputado, com um vagabundo (...) É, saber tratar as pessoas, a escola ensina, educa a gente também e a convivência e o respeito. (José, nascido em Feira de Santana, Bahia, residente em São Paulo) (Citado por Vóvio, 1999, p. 83.)

No contexto urbano letrado, as habilidades básicas de leitura, escrita e cálculo passam a ser requeridas com maior frequência para a resolução de questões financeiras e burocráticas, para a obtenção de emprego e desempenho profissional, para a orientação e deslocamento no espaço. Sem domínio dessas habilidades, os analfabetos não se ressentem somente das limitações objetivas com que se defrontam, mas se sentem especialmente constrangidos com os rótulos pejorativos e a desqualificação simbólica que a sociedade lhes impõe.

> A gente chega num lugar, você precisa assinar; você vai entrar no banheiro, você precisa ver ali, senão entra no banheiro errado, você fica com vergonha. (Alfabetizanda, Anápolis, Goiás) (Citado em Abramovay e Andrade, 2005, p. 50.)

Os constrangimentos e a vergonha fazem com que pessoas com pouca familiaridade com as letras ocultem a condição de analfabetos e recorram a estratégias de dissimulação, como a utilizada pelas personagens femininas da canção de Chico Buarque, ironicamente intitulada *A bordo do Rui Barbosa* (ver box a seguir).[2]

---

2. O político e intelectual Rui Barbosa foi proponente e relator da lei de reforma eleitoral de 1881 (conhecida como Lei Saraiva, em referência ao Conselheiro e Ministro que lhe encarregou da tarefa), que instituiu o título de eleitor e as eleições diretas para os cargos eletivos do Império, restringindo o corpo de votantes aos homens livres alfabetizados que

A bordo do Rui Barbosa

Chico Buarque de Hollanda

O marinheiro João
Chamou seu colega Cartola
E pediu:
Escreve pra mim uma linha
Que é pra Conceição.
Tu é analfa?. disse o amigo
E sorriu com simpatia
Mas logo depois amoitou
Porque era analfa também.
Mas chamou Chiquinho
Que chamou Batista,
Que chamou Geraldo
Que chamou Tião, que decidiu.
Tomou coragem
E foi pedir uma mãozinha para o
capitão,
Que apesar de ranzinza,
É um homem bem letrado,
É homem de cultura
E de fina educação.
E João encabulado
Hesitou em ir dizendo
Abertamente assim
O que ia fechado
Bem guardadinho
No seu coração

---

comprovassem certo mínimo de renda. Defendida por Rui Barbosa como um mecanismo de incentivo à instrução, a restrição ao voto do analfabeto persistiu na legislação brasileira por mais de um século, até a promulgação da Constituição de 1988. No próximo capítulo, voltaremos a falar sobre esse tema.

Mas ditou...
E o capitão boa gente
Copiou num pedaço de papel:
Conceição...
...No barraco Boa Vista
Chegou carta verde
Procurando Conceição;
E riu muito
Porque era a primeira vez,
Mas logo amoitou.
Conceição não sabia ler,
Chamou a vizinha Bastiana
E pediu:
Quer dar uma olhada?
Que eu estou sem óculos.
Não enxergo bem.
Bastiana também sofria da vista.
Mas chamou Lurdinha
Que chamou Maria
Que chamou Marlene
Que chamou Iaiá
Estavam todas sem óculos.
Mas Emília conhecia
Uma tal de Benedita,
Que fazia seu serviço
Em casa de família
E tinha uma patroa
Que enxergava muito bem.
Mesmo a olho nu.
E não houve mais problema
A patroa boa gente,
Além do favor,
Achou graça e tirou cópias

Para mandar para as amigas.
Leu para Benedita
Que disse a Emília
Que disse a Iaiá
Que disse a Maria
Que disse a Lurdinha
Que disse a Bastiana
Que disse sorrindo
A Conceição
O que restou do amor,
O que restou da saudade
O que restou da promessa
O que restou do segredo
de João

> A gente tem vergonha também das pessoas. (...) Todo mundo pediu para levar a Bíblia na igreja, aí eu peguei e eu levei, mas na hora de ler em vez de eu ler ela de cabeça para cima, eu peguei de cabeça para baixo. Daí a outra que estava perto de mim falou assim: "A sua Bíblia está de cabeça para baixo". Eu estava no meio da leitura... (Cáceres, Mato Grosso) (Citado em Brasil, 2003, p. 38.)

> Ela [*a namorada*] não soube por vários anos que eu era analfabeto. Ela não me perguntou, então eu não menti, apenas não falei. Às vezes, uma pessoa ligava para mim quando eu estava junto com ela e ela me perguntava quem era. Eu falava que ela estava sendo curiosa e não contava porque eu mesmo não sabia, antes de atender e ouvir a voz". (Marabá, Pará) (Citado em Brasil, 2003, p. 39.)

No contexto urbano letrado, a impressão da digital se torna a marca evidente do estigma de inferioridade atribuído ao analfabeto e as situações de identificação pública passam a ser vividas como humilhação. Por esse motivo, a assinatura — o desenho do nome

— é a primeira aprendizagem aspirada por qualquer adulto em processo de alfabetização.

Os sucessivos constrangimentos e experiências de discriminação levam à corrosão da auto-estima dos indivíduos, que acabam assumindo a identidade deteriorada e assimilando ao próprio discurso as metáforas depreciativas formuladas pelas elites letradas e difundidas pelos meios de comunicação social, como mostraremos a seguir, dentre as quais a mais recorrente é aquela que identifica o analfabetismo à "escuridão" da "cegueira", o analfabeto ao "cego", e a alfabetização à redentora "retirada da venda dos olhos" e saída das "trevas da ignorância".

Mais que limitação sensorial, a "cegueira", quando utilizada no discurso público como imagem do analfabetismo, tem a conotação de deficiência moral e intelectual: o analfabeto é concebido como um ser ignorante e desprovido de meios de discernir entre o certo e o errado. A imposição do estigma faz com que esse mote seja assimilado e reproduzido na fala dos próprios analfabetos:

> Acho que a pessoa que não sabe ler hoje, acho que ele é um completamente cego! (...) Vê a diferença numa pessoa que sabe ler, informada, que sabe conversar, sabe se expressar, se sai muito melhor do que uma pessoa que é rude, não sabe falar direito, não sabe ler, não sabe o endereço, não sabe o endereço, não sabe sair de um lugar pra outro. (Josefa, 20 anos, oriunda de Piancó, Bahia, residente em São Paulo) (Citada por Vóvio, 1999, p. 134-135.)

Nem todas as pessoas analfabetas, porém, internalizam os preconceitos ou sentem-se diminuídas. Muitas delas, especialmente as que conquistaram posição de liderança comunitária e a possibilidade de fala pública, preservam a auto-estima, recusam a tutela e reafirmam sua capacidade de discernimento.

Eu me sinto inferior na hora de escrever, porque se eu quero elaborar um documento eu tenho que pedir pra outras pessoas, e se eu soubesse escrever eu mesma elaborava e escrevia aquilo que eu tenho vontade de falar para os governantes, e quando a gente pede pra outras pessoas eles distorce as palavras, vem com palavras difíceis pra manipular e a gente não entender nada. (...) Eu falo, pode ser qualquer pessoa — presidente, governador, prefeito —, porque eu não sei ler, pra mim não tem importância, o espaço pra mim ta conquistado, e aonde não está eu conquisto. A leitura é importante mas não é tudo na vida. (Maria Niceia da Conceição, líder de movimento por moradia na zona leste da capital paulista, em depoimento do vídeo *Leituras de um analfabeto*, 1991.)

Uma personagem na multidão

Catadora de papel desde a infância, mãe de nove filhos, Maria das Graças Marçal é conhecida em Belo Horizonte como dona Geralda, apelido que recebeu na rua, onde morou desde os 16 anos, sofrendo toda sorte de discriminação. Em 1990, ela e outros catadores fundaram, com apoio da Pastoral de Rua, a Associação de Catadores de Papel, Papelão e Materiais Reaproveitáveis (ASMARE), cooperativa que, depois de muita luta, conquistou um galpão de reciclagem, o reconhecimento e apoio do serviço público de limpeza urbana, além de proporcionar capacitação e gerar renda para centenas de pessoas. O trabalho da ASMARE ganhou projeção internacional em 1997, quando foi reconhecido pela ONU e recebeu um prêmio de conservacionismo da Fundação Ford; no ano seguinte, dona Geralda participou em Nova Iorque de uma conferência internacional sobre desenvolvimento sustentado e igualitário. Foi somente depois disso, aos 47 anos, que dona Geralda se alfabetizou. Indicada ao prêmio anual de uma revista feminina, em 1999 ela declarou: "*Já fazia coleta seletiva há anos, mas não sabia que era importante. Quando a gente descobre nossos direitos, podemos fazer o que quiser, falar com quem for preciso. Eu percebi que o catador também tem o direito de trabalhar e ser reconhecido e respeitado. Isso é cidadania, não é?*". (http://premioclaudia.abril.com.br/1999/marcal.html)

Mesmo para essas pessoas conscientes de que o analfabetismo é expressão de processos de exclusão sociocultural, que não afetam a competência intelectual ou o discernimento moral dos sujeitos, a condição de analfabeto provoca sentimentos de frustração e incompletude, já que restringe a privacidade da comunicação e a autonomia para os deslocamentos territoriais, rebaixa o horizonte profissional aos trabalhos braçais mais pesados e impede os indivíduos de partilharem certas práticas culturais prazerosas e socialmente valorizadas, como a leitura de jornais, livros ou letreiros de cinema.

> Eu só tenho inveja... é de não saber ler. Do segredo, do assunto que está ali preso por baixo e a gente não soube. (Major Isidoro, AL) (Citado em Abramovay e Andrade, 2005, p. 42.)

Esses sentimentos não impedem, entretanto, que os jovens e adultos pouco escolarizados desenvolvam estratégias bem-sucedidas de sobrevivência nos ambientes urbanos letrados, mediante a utilização de capacidades como a observação, a oralidade, a memória, o cálculo mental e, sobretudo, acionando as redes de sociabilidade e apoio de familiares, amigos e colegas para a resolução dos problemas cotidianos.

A escolarização é também uma das estratégias utilizadas pelos jovens e adultos analfabetos para enfrentar a exclusão, pois na escola podem aprender não só a dominar a leitura, a escrita, o registro convencional do cálculo matemático, mas também reorientar sua subjetividade e conduta para fazer frente aos padrões culturais dominantes.

Como atender a esse direito, despojando-se de preconceitos e valorizando a cultura, as formas de expressão e os conhecimentos de que esses jovens e adultos são portadores, é um desafio cotidiano a ser enfrentado pelos educadores.

Os meios de comunicação, o analfabetismo e a imagem do analfabeto

A exclusão educacional dos jovens e adultos não é um assunto abordado com frequência pelos meios de comunicação: uma pesquisa realizada em 2004 constatou que apenas 1,8% das matérias publicadas na imprensa escrita relativas à educação tratava do tema (Avancini, 2005). São duas as abordagens predominantes da imprensa: uma parcela do noticiário trata de programas de governos ou iniciativas de organizações sociais, dando voz aos responsáveis e raramente ouvindo educandos e educadores; outra parte são reportagens, editoriais ou matérias assinadas que comentam resultados de pesquisas e levantamentos estatísticos que revelam a persistência do analfabetismo e denunciam (por vezes em tom sensacionalista) o baixo desempenho dos jovens e adultos brasileiros em testes de habilidades de leitura e escrita. Em ambos os casos, o discurso jornalístico sobre os analfabetos, o analfabetismo e a alfabetização veicula imagens preconceituosas, embora também contribua para a redefinição de concepções. Soares (2003) observou que a imprensa tem participado do processo de atribuição de novos significados à alfabetização, mais próximos ao conceito de letramento, à medida que a análise das estatísticas pela mídia passou a privilegiar os números do analfabetismo funcional em relação àqueles do analfabetismo absoluto, considerando não só a aprendizagem do sistema alfabético e ortográfico de escrita, mas também os usos que as pessoas fazem dessas habilidades nas práticas sociais cotidianas. Um dos problemas dessa re-conceituação é que nem sempre os critérios adotados são explicitados, o que leva a uma enorme variação na grandeza dos números e percentuais de analfabetos publicados pela imprensa. Nos excertos abaixo, publicados nos últimos anos em jornais de todo o país, percebe-se como a veiculação de certas imagens do analfabeto e do analfabetismo contribuem para reforçar o preconceito:

> Numa solenidade simples, mas marcada pela emoção de dezenas de alunos, foi realizada, no Grêmio de Carius, a entrega de 343 certificados de alfabetização de adultos do Projeto Sesi — Por um Brasil Alfabetizado. (...) O Secretário de Educação do Município (...) destacou que "muitos alunos deixaram de viver na escuridão por não saber ler e escrever". (Programa de alfabetização de adultos encerra etapas. *Diário do Nordeste*, 7/10/2005)
>
> Com esta terceira turma soma-se 53 brasileiros que saíram de um mundo obscuro do analfabetismo para deslumbrar novos horizontes, agora podem ler e escrever sem passar pelo constrangimento de assinar o seu nome com o "dedão". (Nova turma de alfabetizados em Imperatriz. *O Estado do Maranhão*, 28/10/2005).
>
> Assim como no restante do país, o analfabetismo em Sergipe ainda não conseguiu ser erradicado, mas houve um grande avanço, principalmente devido às ações do governo estadual, dentre elas, a execução de um programa que tem por meta acabar ou, pelo menos, reduzir a percentuais ínfimos, o número de analfabetos até 2007. ("Guerra" contra o analfabetismo. *Correio de Sergipe*, 6/9/2005)
>
> Juazeiro do Norte (Sucursal) — A temporada de capacitação dos professores alfabetizadores dos programas Brasil Alfabetizado e Alfabetização é Cidadania começou neste município. (...) A orientadora do Centro Regional de Desenvolvimento da Educação (...) considerou elevado o número de analfabetos do Brasil. "Quantas pessoas não são libertadas da falta de conhecimentos com esse processo de alfabetização?", indagou. (Professores recebem capacitação. *Diário do Nordeste*, 26/10/2005)
>
> O Censo do Legislativo (...) revela que 23,28% dos vereadores da Paraíba são semianalfabetos. (...) Segundo informações da Coorde-

> nadora (...) o resultado da pesquisa (...) trouxe à tona a realidade que os vereadores brasileiros não estão preparados para desempenhar a missão para a qual foram eleitos. De acordo com Telma Venturelli, pelo grau de escolaridade aferido, muitos parlamentares, que podem ser classificados como analfabetos funcionais, porque apenas leem e escrevem o nome ou têm o primeiro grau incompleto, não têm condições de exercer o mandato. Na opinião da coordenadora, os vereadores enquadrados nesse perfil não têm condições de comunicação, capacidade de expressão e bagagem cultural suficiente para legislar. (Rodrigues, Adriana. 23% dos vereadores da Paraíba são semianalfabetos. *Correio da Paraíba*, 23/4/2006)
>
> A carga que vem do passado já é, por si, excessivamente pesada. O Brasil tem 16 milhões de analfabetos absolutos. (...) A situação é ainda mais dramática quando se sabe que muitos dos que concluem a oitava série saem da escola marcados pela pecha de analfabetos funcionais, aqueles que sabem ler e escrever de maneira rudimentar. (...) Ao invés de uma massa de brasileiros preparados para enfrentar o ambiente competitivo do mercado de trabalho do século XXI, o país está formando uma classe de párias que tende a ficar à margem do processo econômico. (Prado, Maria Clara do. *Os párias brasileiros*. Valor Econômico, 13/4/2006)
>
> Os últimos governos fizeram louvável esforço para extirpar a imperdoável praga do analfabetismo que tanto nos envergonhava. Investiram pesadamente no ensino básico e criaram programas públicos de estímulo à frequência dos alunos. Mas a iniciativa privada descobriu, antes do Estado — por imposição da necessidade — que o analfabetismo tecnológico também afeta o desenvolvimento do País e é igualmente motivo de vergonha. (Haas, François. *Na educação, o pior dos apagões*. Gazeta Mercantil, 13/11/2005)

Como podemos observar, o texto jornalístico, utilizando metáforas recorrentes, ajuda a propagar e cristalizar certos sentidos atribuídos ao analfabetismo e à alfabetização construídos ao longo da história do pensamento social e educacional brasileiro, ao lado de representações preconceituosas do analfabeto. Além da metáfora da *cegueira*, já mencionada, sobressaem no texto da imprensa outros dois conjuntos de expressões: um deles está ligado ao discurso médico higienista, que aborda o analfabetismo como *mal*, *praga*, *chaga*, *doença* passível de *erradicação* mediante a profilaxia da alfabetização, a ser ministrada também como remédio ou vacina em *campanhas de massa*. O segundo conjunto é constituído por metáforas bélicas, em que o analfabetismo é visto como *inimigo* do desenvolvimento pessoal e social, a ser *enfrentado* e *vencido* mediante incessante *combate*, *guerra*, *luta* ou *batalha* da alfabetização. Por vezes, essas imagens associam-se também ao sentido histórico-religioso da *cruzada*, na qual o educador cumpre a *missão* e *sacerdócio*[3] de difundir os benefícios da alfabetização.

Mesmo quando bem-intencionado, esse discurso jornalístico nutre as ideologias que destituem a cidadania dos analfabetos — é um discurso violento, simbolicamente —, desprofissionalizam os educadores de adultos, abordando a educação como condição necessária e suficiente para a resolução dos problemas sociais, e reforçando a concepção de letramento autônomo, segundo a qual o analfabetismo é visto como obstáculo ao desenvolvimento socioeconômico do país e a alfabetização é mitificada como instrumento para a superação da pobreza e conquista da cidadania (Matencio, 1995).

---

3. Sobre a recorrência do discurso da missão e do sacerdócio na área de educação, ver Lopes (2003).

Capítulo II

A construção social do preconceito contra o analfabeto na história brasileira

Como vimos no capítulo anterior, a veiculação de um discurso sobre o analfabeto que o identifica, de modo geral, à menoridade, à falta, à pobreza e à dependência é recorrente em diversas instâncias da sociedade contemporânea. Cotidianamente, esse tipo de representação é produzido e disseminado, às vezes pelo próprio analfabeto que o incorpora e o legitima. Por outro lado, embora em menor grau, há outras produções discursivas que também emergem, no nosso dia a dia, as quais complexificam o estereótipo que geralmente se associa àquele que não sabe ler e escrever.

Como anunciamos na Apresentação, neste capítulo buscamos identificar, ao longo da história do Brasil, que momentos podem ser considerados decisivos no processo de "fabricação" desses discursos. Buscamos, também, mostrar que, ao contrário do que normalmente se pensa, a construção do estigma em relação ao analfabeto somente pode ser compreendida quando situada em relação a sociedades e tempos determinados. O preconceito não é, portanto, nem natural nem universal.

Na impossibilidade de abarcar todos os períodos relevantes em que a produção e a disseminação desses discursos ocorreram, optamos por, neste capítulo, eleger alguns desses momentos, aqui visualizados em forma de "cenas", que ilustram o discurso predominante em cada época.[1]

Cena 1 — "Invasores" discutem como educar os índios

Estamos no século XVII. Durante 24 anos, os holandeses ocuparam parte do Brasil. Nesse momento, discutiram, tal como fizeram os jesuítas em mais de dois séculos de obra educativa no país, qual a melhor maneira de educar — e, sobretudo, catequizar — os índios e os negros. Um documento do Conselho Político de Pernambuco, datado de 1636, estabelecia que a ação educativa deveria estar focalizada nos meninos, e não nos índios adultos. Assim argumentava o Conselho:

> Os brasilianos têm pouco conhecimento da religião cristã, a não ser recitar padres-nossos e ouvir missas (...) como não temos quem lhes ensine a verdade e o único caminho para a salvação, eles vão sendo esquecidos e tornam às suas antigas superstições e idolatrias. Com os adultos pouco fruto é de esperar e como são estúpidos e desinteressados são pouco religiosos.[2]

Diante da "estupidez" e do "desinteresse" dos adultos, os meninos deveriam ser retirados da companhia dos pais, para que não aprendessem, durante a obra de catequese cristã protestante, as superstições e os costumes "bárbaros" dos pais. Nas escolas, os

---

1. Para saber mais sobre a história da educação de jovens e adultos no Brasil, consultar, entre outros: Ação Educativa/MEC (1996), Beisiegel (1974 e 2003), Di Pierro (2000), Ferraro (1987 e 2003), Freire (1989), Galvão e Soares (2004), Haddad e Di Pierro (2000), Paiva (1983), e Soares (1995).

2. Instruções dadas a Servaes Carpentier por parte do Conselho Político, o qual vai em missão do mesmo Conselho ao Conselho dos XIX a expor a situação do Brasil, datadas do Recife, 20 de fevereiro de 1636 (apud Mello, 2001, p. 222).

meninos índios, a partir dos 5 anos, se alimentariam, dormiriam e aprenderiam a ler, a escrever e a religião cristã (as orações, os dez mandamentos, os salmos e, quando estivessem "mais desenvolvidos de entendimento e senhores da língua holandesa", o catecismo da Igreja). Poderiam sair da escola somente aos domingos, para a igreja. Os pais poderiam visitar os filhos uma vez por semana ou uma vez a cada 14 dias.

Na verdade, esse plano nunca foi concretizado, mas podemos destacar, por meio dele, algumas ideias predominantes no período. Considerava-se mais fácil ensinar a ler e a escrever às crianças, na medida em que o adulto era visto como tomado por vícios. Para evitar a "contaminação" pelos costumes "bárbaros", melhor ainda se as crianças pudessem ser separadas dos pais.

Essas ideias eram compartilhadas pelos jesuítas. No trabalho da Companhia de Jesus, as crianças também eram tomadas como a base da ação educativa, pois, por meio do trabalho com elas, era possível formar uma geração católica inteiramente nova. Além disso, os meninos índios poderiam funcionar como agentes multiplicadores junto aos adultos com quem conviviam, considerados inconstantes e já tomados por vícios e "paixões bárbaras" (Daher, 1998).

Cena 2 — Proprietário rural branco, sem saber ler nem escrever, administra seus bens

Agora estamos na primeira metade do século XIX. Um fazendeiro paulista ou um senhor de engenho baiano, pertencente à elite rural, administra sua propriedade, comercializa escravos, dá ordens à mulher, aos filhos e à parentela. Vota para as eleições do parlamento e planeja tornar-se deputado, pois exerce grande poder na região que se situa em torno da sua propriedade. Não sabe ler nem escrever.

Nosso personagem não é uma exceção no cenário brasileiro. Na época, a circulação dos escritos era extremamente rara no país. Os livros somente começam a ser impressos oficialmente no Brasil em 1808, com a transferência da sede da coroa portuguesa para o Rio de Janeiro. Livrarias e bibliotecas eram raras e estavam concentradas nos núcleos urbanos. A maior parte da população brasileira, no entanto, não morava nas cidades, mas em pequenas e grandes propriedades rurais.

Pode-se dizer que, no Brasil, naquele momento, as formas de comunicação e os modos de pensar baseados na oralidade eram muito mais importantes do que aqueles centrados na escrita. Muitos comunicados oficiais eram realizados através de "pregões": anúncios, em praças públicas, das últimas notícias. As práticas religiosas ocorriam sem a mediação de materiais escritos. As decisões eram tomadas em conversas de "pé de ouvido". A transmissão da tradição se dava por meio da narração de histórias, da aprendizagem de contos e cantos. Mesmo nas poucas escolas que existiam, a oralidade era a base do aprendizado: recitar, memorizar, repetir. A leitura silenciosa era, nesse momento, quase desconhecida.

Além disso, o analfabetismo não afastava as camadas proprietárias do exercício do poder: eleger e ser eleito dependia da prova de renda e não da capacidade de ler e de escrever. Excluídos estavam os pobres, aqueles que não podiam comprovar a renda (como alguns tipos de comerciantes, por exemplo) e as mulheres, mas não aqueles que não sabiam ler nem escrever.

O analfabetismo, assim, estava presente, embora de maneira diferente, em todas as camadas e grupos sociais: entre homens e mulheres brancos, proprietários de terras, homens e mulheres escravos e libertos. Não temos dados precisos para a época, mas o primeiro censo demográfico brasileiro, realizado em 1872, apontava que o índice de analfabetismo no país era de 80,2% entre os homens e de 88,5% entre as mulheres.

O analfabetismo não estava, ainda, desse modo, associado diretamente à pobreza e à exclusão social. Ser analfabeto não era, necessariamente, ser "pobre" e ignorante. O domínio da leitura e da escrita estava relacionado, mais diretamente, às camadas médias urbanas e não às elites econômicas proprietárias de terras.

Cena 3 — Adultos de meios populares aprendem a ler e a escrever por meio do Código Criminal com um professor que não recebe nada por isso

Nossa terceira cena se passa em uma aula noturna em uma província brasileira qualquer[3] na segunda metade do século XIX. Os alunos, todos maiores de 15 anos, são divididos em duas "seções": uma destinada àqueles que não sabiam ler nem escrever e outra planejada para os que já possuíam alguma instrução. A aula ocorria na mesma casa em que funcionava, durante o dia, a escola para crianças.

A Constituição do Império, algumas leis e o Código Criminal serviam de base para o ensino da leitura e da escrita. Percebe-se que o ensino para adultos tinha como uma de suas finalidades a "civilização" das camadas populares, consideradas, principalmente as urbanas, como perigosas e degeneradas. Através da educação, considerada a luz que levaria o progresso às almas, poderiam se inserir ordeiramente na sociedade. Para as mulheres, acrescentava-se o ensino das prendas domésticas, noções de higiene e deveres na família. Assim, a educação das mulheres adultas, quando ocorria, deveria se pautar nas funções que deveriam desempenhar na sociedade, até então predominantemente circunscritas ao espaço doméstico.

---

3. Os dados sobre os quais nos baseamos para imaginar a cena referem-se à província de Pernambuco (Pernambuco, 1885), embora retratem uma situação comum também em outras províncias.

O professor não recebe nada a mais pelas aulas que dá aos adultos; sua remuneração é calculada por sua atuação junto às crianças. Identifica, desse modo, sua tarefa a uma missão, em um contexto, característico do século XIX brasileiro, em que a filantropia era uma das formas mais eficientes para que as elites intelectuais contribuíssem para a "regeneração" do povo.

Essa visão do adulto analfabeto, pertencente aos meios populares urbanos, como "perigoso" começa a ser tecida no período e aparece também em outros espaços sociais. Em muitas províncias, também se observa, principalmente na segunda metade do século XIX, a criação de associações de intelectuais que, entre suas atividades, ministravam cursos noturnos para adultos como uma forma de "regenerar" a massa de pobres brancos, negros livres, libertos e até mesmo, em alguns casos, escravos. Podemos perceber, nessas iniciativas, alguns princípios que norteavam também as iniciativas oficiais em relação à alfabetização das camadas populares: era preciso "iluminar" as mentes que viviam nas trevas da ignorância para que houvesse progresso. A alfabetização de adultos é, ainda, colocada sob a égide da filantropia, da caridade, da solidariedade e não do direito.

Cena 4 — Deputados discutem critérios para o voto e aprovam a Lei Saraiva

Estamos, ainda, na segunda metade do século XIX. Embora desde 1827, quando foi instituída a primeira lei geral da instrução pública no país, a instituição escolar viesse assumindo um papel cada vez mais importante na sociedade, a maior parte da população brasileira continuava sem saber ler nem escrever e, de modo geral, sem necessitar dessas habilidades para se inserir, efetivamente, nas mais diversas práticas sociais.

No entanto, progressivamente, um outro lugar simbólico começa a emergir na sociedade brasileira para a leitura, a escrita e a educação, de modo geral. Não ser educado começa a ser associado à rudeza dos costumes. Embora não fosse uma habilidade necessária para a inserção em diversas esferas sociais, a instrução começa a ser vista como sinônimo de polidez.

Essas questões se expressam, com muita força, na nossa quarta cena. Estamos agora, no parlamento, nos anos imediatamente anteriores a 1881, quando foi votada a denominada Lei Saraiva, que estabeleceu, no Brasil, pela primeira vez a exclusão do analfabeto entre os eleitores.[4] Nas discussões realizadas entre os deputados, há os que defendem a plena capacidade dos que não sabem ler nem escrever; há os que os remetem à dependência e à menoridade.

Saldanha Marinho, um deputado liberal e maçom com atuação bastante expressiva no Império brasileiro, se pronuncia, em diversas ocasiões, no parlamento sobre aqueles que não sabem ler e escrever. As falas de Marinho, um defensor ativo do direito do voto do analfabeto, nos ajudam a compreender como parte da sociedade, inclusive nos círculos de poder, via o analfabeto como capaz. Nos trechos abaixo, Marinho destaca uma série de tarefas que aquele que não sabia ler e escrever tinha que desempenhar no seu dia a dia, destacando a sua perspicácia e a sua capacidade de discernimento e de ação:

> O chefe de família tem interesses muitas vezes complicados a dirigir, e a lei o reconhece capaz; tem grandes deveres morais a

---

4. O Decreto n. 3.029, de 9 de janeiro de 1881, determinava, em seu artigo 8º, concernente ao "Alistamento eleitoral", que seriam incluídos no alistamento "...os cidadãos que requererem e provarem ter adquirido as qualidades de eleitor de conformidade com esta lei, e souberem ler e escrever". Em seu parágrafo primeiro, determinava que "a prova de haver o cidadão attingido a idade legal será feita por meio da competente certidão; e a de saber ler e escrever pela letra e assignatura do cidadão que requerer a sua inclusão no alistamento, uma vez que a lettra e a firma estejam reconhecidas por tabelião no requerimento que para este fim dirigir". (Brazil, 1882, p. 9) Para uma análise da exclusão do voto do analfabeto a partir da Lei Saraiva e as representações de alfabetismo predominantes no século XIX, ver, respectivamente, Rodrigues (1965) e Faria Filho (1998).

> cumprir, deveres de proteção à mulher, deveres de autoridade e de educação para com os filhos e a lei reconhece o analfabeto capaz de os desempenhar; e entretanto é a esse mesmo homem que a lei política nega o discernimento preciso para escolher um candidato entre os mais honrados, inteligentes e de melhor conceito! A liberdade de consciência não é negada ao analfabeto; a própria Constituição lhe dá direito de escolha de religião; a Constituição reconhece em todos o discernimento necessário para crer o que melhor lhe convier e quer-se agora negar-lhe discernimento para a escolha de um candidato em quem mais confie. O analfabeto ante a lei criminal é apto para conhecê-la, ter vontade de indispensável conhecimento para proceder de uma ou de outra forma e a lei política há de privá-lo até do senso comum para votar em quem lhe pareça melhor? Só não tem inteligência para exercer um simples direito político? (Saldanha Marinho, apud Rodrigues, 1965, p. 143-144.)
>
> Para ser tutor, para exercer o pátrio-poder, para ser chefe de família, não falta ao analfabeto, segundo as nossas leis, o necessário conhecimento, a perspicácia, o bom senso. Pois bem, se o analfabeto exerce faculdades tão importantes como estas, por que lhe quereis tirar o direito de voto? O analfabeto pode ser enganado? Senhores, percorramos todos esses distritos eleitorais de fora da cidade; vamos entender-nos com essas populações analfabetas e encontraremos entre elas muito bom senso, muita dignidade e muita honra, e talvez mais independência. (Saldanha Marinho, apud Rodrigues, 1965, p. 144.)

Evidentemente, Marinho não está se referindo à mulher adulta, mas ao homem. Nesse momento, não se cogitava a possibilidade de se instituir o voto feminino (o que somente ocorreria em 1934), embora muitas mulheres, em especial nos núcleos urbanos, já soubessem ler e escrever.

Uma outra facção de deputados, por sua vez, posicionava-se contrária ao voto dos "não instruídos". O deputado Cândido de Oliveira, por exemplo, afirmava que "Os analfabetos não têm opinião por si, inspiram-se nas opiniões alheias, são o reflexo do pensamento dos potentados, e, a meu ver, seria um grande perigo para a verdade da eleição, se eles para ela concorressem sem a consciência de sua responsabilidade" (apud Rodrigues, 1965, p. 145.)

Rui Barbosa, redator do texto final da Lei, também era contrário ao voto dos analfabetos, pois acreditava que a educação era a única força capaz de desenvolver o país. Para ele, em seu conhecido parecer de 1882, "Todas as leis protetoras são ineficazes para gerar a grandeza econômica do país; todos os melhoramentos materiais são incapazes de determinar a riqueza, se não partirem da educação popular, a mais criadora de todas as forças econômicas, a mais fecunda de todas as medidas financeiras" (apud Paiva, 1983, p. 73). A ignorância popular é vista como "a mãe da servilidade e da miséria" (p. 76.)

Entre a dependência e o bom senso; entre a incapacidade e a perspicácia; entre a incompetência e a dignidade; entre a miséria e o conhecimento; entre a servilidade e a inteligência: assim parecem se situar os discursos sobre o analfabeto no Brasil naquele momento.

Cena 5 — Intelectuais discutem como acabar com a vergonha do país: o analfabetismo

Nossa próxima cena se passa no início do século XX. Já estamos na República e grupos de intelectuais brasileiros discutem, em várias instâncias, o analfabetismo no país, agora referido como a "vergonha" nacional.

A primeira Constituição republicana (1891) havia referendado, por um lado, a proibição ao voto do analfabeto e, por outro, eliminado a seleção de eleitores por renda. O censo de 1890 mostrava que mais de 80% da população brasileira era analfabeta, o que gerou, entre os intelectuais brasileiros, um sentimento de "vergonha" diante dos países "adiantados".[5]

Diante desse quadro, as primeiras décadas do século XX foram marcadas por intensas mobilizações, em diversas esferas da sociedade, em torno da alfabetização de adultos. Foram muitas as campanhas pela alfabetização no período. Ao lado de associações que congregavam intelectuais, vários estados, muitos dos quais administrados na área educacional pelos intelectuais vinculados ao movimento da Escola Nova, tomaram iniciativas diversas em relação à questão.

Em 1915, por exemplo, foi fundada, no Clube Militar do Rio de Janeiro, a Liga Brasileira contra o Analfabetismo, que, como afirmam seus Estatutos, pretendia se caracterizar como um "movimento vigoroso e tenaz contra a ignorância visando à estabilidade e à grandeza das instituições republicanas" (apud Paiva, 1983, p. 96-97).

Os debates em torno da necessidade de eliminar o analfabetismo, por meio da disseminação da educação por todo o país, também foram centrais no interior da Associação Brasileira de Educação.[6] A ignorância, em muitos discursos formulados por higienistas e sanitaristas, é considerada uma "calamidade pública" e comparada à guerra, à peste, a cataclismos, a uma praga.[7] A falta de educação "é comparada ao 'câncer que tem a volúpia ao corroer célula a célula, fibra por fibra, inexoravelmente, o organismo', levando a nação à 'subalternidade' e à 'degenerescência'" (Miguel Couto, apud Carvalho, 1998, p. 145). O analfabetismo,

5. Na França, por exemplo, a difusão da alfabetização em consequência da generalização da educação escolar fez com que, já nos primeiros anos do século XX, 97% dos homens e 95% das mulheres assinassem seus nomes nos registros de casamento (Ariès e Chartier, 1991).

6. Para um estudo aprofundado sobre a ABE, ver Carvalho (1998).

7. Para uma análise das imagens do analfabeto e do analfabetismo do ponto de vista médico higienista, ver Rocha (1995).

como analisa Rocha (1995), aparece vinculado a uma série de outras expressões, com fortes cargas discursivas, como a pobreza, a criminalidade, os sertões, o alcoolismo e outros vícios, as verminoses e outras doenças. O analfabeto é visto, nesse quadro, como cego, surdo e irracional:

> O analphabeto é como um microcéphalo, de visão psyquica estreitada, porque, embora veja claro, a enorme massa das noções escriptas lhe escapa; pelos ouvidos passam palavras e idéas como se não passassem; o seu campo de apercepção é uma linha, a intelligencia o vacuo; não raciocina, não entende, não prevê, não imagina, não cria. Muitos só sahem da indifferença musulmana para entrar nos espasmos do banditismo. (Couto, 1923, apud Rocha, 1995, p. 80.)

Para os intelectuais, as "elites esclarecidas" deveriam desempenhar um papel fundamental nesse processo de regeneração da nação, através da obra educativa, considerada redentora, como pode se observar no trecho abaixo, publicado em 1923, também de Miguel Couto:

> O analphabetismo é o cancro que anniquila o nosso organismo, com as suas múltiplas metástases, aqui a ociosidade, alli o vicio, além o crime. Exilado de si mesmo como em um mundo deshabitado, quase repellido para fóra da especie pela sua inferioridade, o analphabeto é digno de pena, e a nossa desídia indigna de perdão emquanto lhe não acudimos com o remedio do ensino obrigatorio. (Couto, apud Rocha, 1995, p. 76.)

Em todos os lugares do país, surgiam ideias e propostas que visavam erradicar o analfabetismo no menor prazo possível. Abner de Britto, bacharel em ciências jurídicas e sociais, promotor público no Rio Grande do Norte, por exemplo, criou um método, por ele intitulado de "desanalphabetisador", consagrado especificamente ao ensino dos analfabetos. Segundo seu autor, os sujeitos submetidos ao método "ficam lendo e escrevendo após haverem recebido sete lições". Cada lição tinha a duração de três dias. Abner afirma propagar seu método por todo o país, dando "combate ao analphabetismo tão deploravel em nossa cara Patria".[8]

Entre os intelectuais também havia, por outro lado, um certo temor de que a alfabetização pura e simples — caso não viesse acompanhada de uma formação moral — se transformasse em uma arma que, por sua própria natureza, é "perigosa" (Heitor Lyra da Silva, apud Carvalho, 1998, p. 150). Carneiro Leão chega a afirmar, em 1916, que temia que a alfabetização generalizada pudesse aumentar a "anarquia social", pois "Toda essa gente que, inculta e ignorante, se sujeita a vegetar, se contenta em ocupações inferiores, sabendo ler e escrever aspirará outras coisas, quererá outra situação e como não há profissões práticas nem temos capacidade para criá-las, desejará também ela conseguir emprego público" (apud Paiva, 1983, p. 92).

Improdutivo, doente, degenerado, viciado, servil e incapaz. Os intelectuais republicanos parecem referendar, assim, discursos que vinham sendo tecidos, na sociedade brasileira, sobre o analfabeto, agora identificado ao "povo". Potencialmente perigosa, a alfabetização deveria ser dada, por sua vez, de maneira controlada, pelas elites intelectuais responsáveis pela regeneração das massas. Deveria vir acompanhada, assim, de uma formação moral, capaz de livrar o analfabeto-povo de seus vícios.

Cena 6 — Governo federal lança campanha de alfabetização de adolescentes e adultos

Estamos em 1950, em um curso promovido pelo Ministério da Educação e Saúde destinado a educadores da Campanha de

8. Arquivo Público de Mato Grosso: Ofício (s/n.) para D. Aquino Corrêa — Governador do Estado de Mato Grosso. Lata A-1921. Agradecemos a Lazara Nanci Amâncio e a Cancionila Cardoso a referência ao "desanalphabetisador".

Educação de Adolescentes e Adultos (CEAA). No livro que serve de base ao curso o educador Lourenço Filho, dirigente máximo da Campanha, caracterizava o analfabeto como alguém que vive em condição de

> (...) minoridade econômica, política e jurídica: produz pouco e mal, e é frequentemente explorado em seu trabalho; não pode votar e ser votado; não pode praticar muitos atos de direito. O analfabeto não possui, enfim, sequer os elementos rudimentares de cultura de nosso tempo. (Citado por Paiva, 1983, p. 184.)

Na mesma publicação, a professora de psicopedagogia do curso, referindo-se ao analfabeto como "uma espécie de zero que cujo valor só se revela quando à direita dos que sabem ler", assim o caracteriza:

> Dependente do contato face a face para enriquecimento de sua experiência social, ele tem que, por força, sentir-se como criança grande, irresponsável e ridícula (...). E, se tem as responsabilidades do adulto, manter uma família e uma profissão, ele o fará em plano deficiente. (...) O analfabeto, onde se encontre, será um problema de definição social quanto aos valores: aquilo que vale para ele é sem mais-valia para os outros e se torna pueril para os que dominam o mundo das letras. (...) inadequadamente preparado para as atividades convenientes à vida adulta, (...) ele tem que ser posto à margem como elemento sem significação nos empreendimentos comuns. (...) Adulto-criança, como as crianças ele tem que viver num mundo de egocentrismo que não lhe permite ocupar os planos em que as decisões comuns têm que ser tomadas. (Citado por Paiva, 1983, p. 185-186.)

Iniciada em 1947, com recursos do Fundo Nacional do Ensino Primário (FNEP), a Campanha enfrentou o desafio proposto pelo censo populacional de 1940, que registrou um índice de analfabetismo de 55% da população com idade superior a 18 anos, e respondeu às pressões externas em prol da alfabetização da Organização das Nações Unidas para a Educação, Ciência e Cultura (Unesco), recém-criada no pós-guerra. Representou a primeira política pública federal de educação de jovens e adultos no país, impulsionada pela redemocratização do Estado brasileiro ao término do Estado Novo.

A CEAA se estendeu até princípios da década de 1960, comportou em seu interior a Campanha Nacional de Educação Rural, mas não alcançou a propalada "ação em profundidade" (que previa continuidade de estudos, formação profissional e universidades populares), restringindo-se à alfabetização extensiva. A capacidade de mobilização observada nos primeiros anos não se manteve ao longo da década e a Campanha entrou em declínio, mas a experiência de alfabetização de grandes contingentes de brasileiros modificou no seu percurso a visão preconceituosa em relação aos analfabetos, abrindo espaço à emergência de uma nova concepção de educação de jovens e adultos.

Cena 7 — Salas de alfabetização de adultos funcionam em todo país: o analfabeto é alguém que possui cultura

Nossa sétima cena se passa no início dos anos 60 em uma sala de aula — denominada círculo de cultura — para adultos em Angicos, sertão do Rio Grande do Norte. Um outro discurso sobre o analfabeto vem sendo tecido há alguns anos.

Os educandos, adultos analfabetos moradores da região, dispostos em círculo, discutem sobre a sua situação de vida. Cada um deles conta sua própria trajetória, suas dificuldades, suas alegrias. Contam o que sabem, o que aprenderam na vida prática, o que ouviram de seus pais, o que ensinam a seus filhos. Narram histórias, recitam poesias, falam do seu dia a dia. Depois, com a mediação do monitor/educador, escolhem uma palavra, denominada palavra-geradora, que sintetize as discussões realizadas. Povo, voto, xique-xique são algumas delas. Em um outro momento, com o apoio de *slides* ou de cartazes, voltam a falar sobre suas histórias e sobre o mundo que os cerca, a partir da palavra escolhida. A palavra, agora dividida em sílabas, também serve de base para a sistematização do aprendizado da leitura e da escrita.[9] Esse modo de educar baseia-se, assim, na ideia de que, a partir do conhecimento da realidade do educando, o educador seleciona algumas palavras que possam desencadear um processo de problematização dessa mesma realidade e as formas de superá-la e, ao mesmo tempo, sirvam como ponto de partida para o ensino dos padrões silábicos da língua. Utiliza-se, nessa sala, o método Paulo Freire.[10]

Já há alguns anos, ao criticar as bases sobre as quais se organizavam as Campanhas de Alfabetização do governo federal, Paulo Freire indicava que as aulas para adultos deveriam ter por base a própria realidade dos alunos e que o trabalho educativo deveria ser feito "com" o homem e não "para" o homem. Os materiais a serem usados com os alunos não poderiam ser uma simples adaptação daqueles que já eram utilizados com as crianças. Subjacente a essas novas práticas propostas estava a concepção sobre o adulto não alfabetizado, que não poderia mais ser visto como alguém ignorante e imaturo, mas como um ser produtor de cultura e de saberes. Por isso, um dos pressupostos em que baseava a sua proposta de alfabetização era o de que a leitura do mundo precedia a leitura da palavra. Além disso, afirmava que o problema do analfabetismo não era o único nem o mais grave da população: as condições de miséria em que vivia o não alfabetizado é que deveriam ser problematizadas.

---

9. O método baseava-se na silabação, o que não constitui uma inovação, do ponto de vista dos métodos de alfabetização, para o período. Os estudos sobre a psicogênese da língua escrita ainda não haviam sido realizados e não estava em questão de que modo o adulto construía as suas hipóteses a respeito do sistema de notação alfabético, o que viria a ocorrer na década de 1980 (Ferreiro, 1983; Teberosky e Ferreiro, 1999).

10. Sobre o método Paulo Freire, ver Brandão (2006).

Muitas das ideias de Paulo Freire sobre o analfabeto e a ação alfabetizadora também estavam presentes em vários outros movimentos de educação e de cultura popular[11] que surgiram no período — entre o final dos anos 50 e início dos anos 60. Entre esses movimentos, destacam-se o MEB — Movimento de Educação de Base, da Conferência Nacional dos Bispos do Brasil (CNBB); o MCP — Movimento de Cultura Popular, ligado à Prefeitura do Recife; os CPCs — Centros Populares de Cultura, organizados pela União Nacional dos Estudantes (UNE); o CEPLAR — Campanha de Educação Popular da Paraíba; o De Pé no Chão Também se Aprende a Ler, da Prefeitura de Natal. Esses movimentos emergiram em diversos locais do país, mas foi em alguns estados do Nordeste que se concentraram em maior número e com maior expressão. Naquele período, marcado pelo populismo, pelo nacional-desenvolvimentismo e pelas reformas de base, a educação de adultos é vista como forte instrumento de ação política: afinal, mais de 50% da população brasileira era excluída da vida política nacional, por ser analfabeta. Os movimentos surgem da organização da sociedade civil visando alterar esse quadro socioeconômico e político. Conscientização, participação e transformação social foram conceitos elaborados a partir das ações desses movimentos. O analfabetismo é visto não como causa da situação de pobreza, mas como efeito de uma sociedade injusta e não igualitária. Por isso, a alfabetização de adultos deveria contribuir para a transformação da realidade social.

Nesse contexto, o saber e a cultura populares são valorizados e o analfabeto é considerado como produtor de conhecimentos: a educação deveria ser, assim, dialógica e não bancária.[12] Por isso, Paulo Freire propunha que, em lugar das cartas do ABC (ver *box*) ou das cartilhas, a própria realidade do educando estivesse no centro do processo de alfabetização.

---

11. Existem muitos estudos e publicações sobre esses movimentos. Consultar, para uma "memória" do período, Fávero (1983).

12. Ver Freire (2002).

Embora já criticadas no final do século XIX, as cartas do ABC ou abecedários foram amplamente utilizados no Brasil até meados do nosso século. Pfromm Neto, Rosamilha e Dib (1974) afirmam que, até o início da década de 30, a editora Globo, de Porto Alegre, anunciava suas "Cartas de ABC", folheto vendido por 200 réis, que teve sucessivas edições. O pequeno livreto obedecia a uma organização comum: trazia, em suas primeiras páginas, o alfabeto em letras de vários formatos (maiúsculas e minúsculas, manuscritas e de imprensa); em seguida, apresentava os padrões silábicos mais comuns (ba-be-bi-bo-bu etc.); trazia, ainda, pequenas frases compostas, sucessivamente, de monossílabos, de dissílabos e de trissílabos (na carta de Landelino Rocha, verdadeiro *best-seller* em Pernambuco, havia, por exemplo, na seção dos monossílabos, as seguintes orações: "É meu pai"; "Eu vou ler"); na última página, trazia sentenças morais para que o aluno, então supostamente alfabetizado, pudesse ler. As cartas do ABC podem ser encontradas para vender até hoje; são produzidas em pequeno formato (semelhante a uma tabuada) e impressas em papel jornal.

26ª LIÇÃO

Máximas

A preguiça é a chave da pobreza.
O que não houve conselhos raras vêses acerta.
O amor de Deus é o princípio da sabedoria.
Sem religião e sem justiça não há liberdade.
A religião tem por pedestal à humanidade.
Vale mais adormecer sem ceia que acordar com dívidas.
A instrução é o adôrno do rico e a riqueza do pobre.
É vergonhoso dizer aquilo que não é decente fazer.
A perseverança vence tôdas as dificuldades.
A fome dá ao pobre o direito sagrado de importunar o rico.

NOVA
CARTA DE A-B-C
POR
LANDELINO ROCHA
Propriedade da Viuva e Filhos
na Bibliotheca Nacional do Rio de Janeiro em 26-7-1924 sob o nº 4192
EDITORA
UNIÃO GRÁFICA S. A.
AV. DA SAUDADE Nº 254
RECIFE

Fig. 1. Cartilha de ABC de Landelino Rocha

Cena 8 — "Minha mão é domável": o Mobral e a alfabetização de adultos

Nossa penúltima cena se passa nos anos 70 do século XX. Estamos, agora, em uma sala de aula do Mobral (Movimento Brasileiro de Alfabetização). Adultos de meios populares aprendem a ler e escrever. Utilizam, para isso, um mesmo livro, adotado em todo o Brasil, que apresenta palavras-chaves e, a partir delas, os padrões silábicos da língua portuguesa. Nele, podem ser lidas mensagens que enfatizam a necessidade do esforço individual do educando para que se integre ao processo de modernização e desenvolvimento do país. O professor é um estudante que escutou os apelos da propaganda, veiculada no rádio e na televisão, que repetia, ao som de uma música: "*Você também é responsável, então me ensine a escrever, eu tenho a minha mão domável, eu sinto a sede do saber*". Acredita que, por meio de sua ação semivoluntária, pode transmitir o seu saber ao outro e, assim, tirá-lo das trevas do analfabetismo. Em muitos casos, consegue apenas ensiná-lo a "desenhar" o nome.

Estamos sob a ditadura instalada após o golpe militar de 1964. Devido à repressão a todas as formas de dissidência política, os movimentos de educação e cultura popular são extintos[13] e o governo federal cria o Mobral em 1967 (embora só inicie suas atividades em 1969), que funciona com uma estrutura paralela e autônoma em relação ao Ministério da Educação, com força e muitos recursos.

Se a prática da alfabetização desenvolvida pelos movimentos de educação e cultura popular estava vinculada à problematização e à conscientização da população sobre a realidade vivida e o educando era considerado participante ativo no processo de transfor-

13. Exceção à regra, a sobrevivência do Movimento de Educação de Base (MEB) durante o regime militar deveu-se à influência e força política da Igreja Católica. Para manter-se, entretanto, o Movimento se descaracterizou, muito embora algumas práticas de educação crítica no meio popular tenham se mantido junto às comunidades nas quais o MEB tinha inserção, graças à ação de parcela de seus educadores.

mação dessa mesma realidade, no contexto econômico e político posterior ao golpe militar a alfabetização de adultos cumpre as funções de adaptar o migrante rural aos mercados de trabalho e consumo urbanos e preparar a força de trabalho para o modelo de desenvolvimento concentrador de riquezas, ao mesmo tempo que serve às estratégias de controle social e legitimação político-ideológica do regime autoritário. No intuito de preservar a imagem externa do país, importava também reduzir as estatísticas de analfabetismo, mostrando à comunidade internacional que o Brasil estava "erradicando a vergonha nacional".[14]

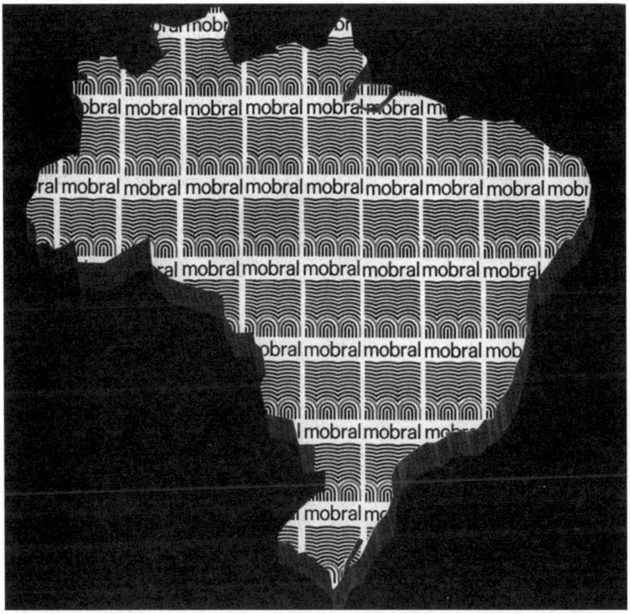

Fig. 2 Logotipo e cartaz do MOBRAL estilizam impressão digital

Fonte: FARIA, Gustavo de (ed.) *Soletre Mobral e leia Brasil:* cinco anos de luta pela alfabetização. Rio de Janeiro, Guavira Editores, 1975, p. 50.

14. Para uma análise das políticas de educação de adultos do regime militar e do Mobral em particular, consultar Paiva (1981 e 1982) e Haddad (1991).

Os métodos e o material didático propostos pelo Mobral assemelhavam-se, aparentemente, aos elaborados no interior dos movimentos de educação e cultura popular, pois também partiam de palavras-chave retiradas da realidade do alfabetizando adulto para, então, ensinar os padrões silábicos da língua portuguesa. No entanto, as semelhanças eram apenas superficiais, na medida em que todo o conteúdo crítico e problematizador das propostas anteriores foi esvaziado. Além disso, era um material padronizado, utilizado indistintamente em todas as partes do Brasil.

Muitos outros programas e movimentos de alfabetização de adultos foram criados paralelamente e depois da extinção do Mobral ocorrida em 1985. Naqueles emanados da sociedade civil e de governos populares que assumiram prefeituras depois da queda da ditadura militar, buscavam-se resgatar os discursos e as práticas de Paulo Freire e dos movimentos de educação e cultura popular dos anos 60. O adulto analfabeto é visto como capaz, produtor de cultura, dotado de saberes, formulador de hipóteses acerca do sistema alfabético, usuário de práticas de leitura e de escrita em seu cotidiano.

Cena 9 — Deputados e instâncias da sociedade civil voltam a discutir o voto do analfabeto

Nos anos que antecederam a promulgação da Lei n. 7.332, de 1º de julho de 1985, que restitui ao analfabeto o direito de voto, depois referendado pela Constituição de 1988, o debate em torno do tema voltou a se instalar no Brasil.[15] Dois meses antes da edição

15. Em seu artigo 18, a referida lei dispõe que "O alistamento eleitoral passa a ser feito dispensando-se a formalidade de o próprio alistando datar o respectivo requerimento e, quando este não souber assinar o nome, aporá a impressão digital de seu polegar direito no requerimento e na folha de votação. Parágrafo único. O mesmo sistema será utilizado no dia da votação para o eleitor que não souber assinar o nome". Disponível em:

da lei, por exemplo, Antônio Roque Citadini, conselheiro do Tribunal de Contas de São Paulo, publicou, no *Diário do Comércio e da Indústria*,[16] um artigo em que, ao comentar as mudanças propostas pela comissão interpartidária ao Congresso Nacional que estudava as mudanças na legislação eleitoral, situa o voto do analfabeto como ponto central dos debates que então ocorriam. De um lado, aqueles que defendiam a manutenção da exclusão dos analfabetos argumentavam que a pessoa que não sabe ler nem escrever não está apta a escolher seus dirigentes, constituindo-se em uma frágil massa de manobra nas mãos dos mais letrados. Os discursos que conferem ao analfabeto o lugar de incapaz, de cego, de dependente e de ignorante continuam, assim, a circular com força.[17] De outro lado, estavam aqueles, entre os quais o autor destaca o então deputado Ulysses Guimarães, que argumentavam que, se o sufrágio era universal, deveria ser estendido a todos os brasileiros.

A Constituição de 1988 consagra o direito público subjetivo dos jovens e adultos ao ensino fundamental público e gratuito e confere ao analfabeto o direito ao voto, mas na década seguinte programas governamentais como o *Alfabetização Solidária* continuaram a colocá-lo no lugar de dependente ao convocar a população a "adotá-lo".[18] Permanecem identificando o analfabetismo a uma

---

<www.planalto.gov.br/CCIVIL/leis/1980-1988/L7332.htm>. Acesso em: 1º set. 2006. Em 1982, foi publicado o livro *O voto do analfabeto* (Edições Loyola), em que o autor, José Carlos Brandi Aleixo, defende o direito de voto daqueles que não sabem ler nem escrever.

16. Disponível em: <http://www.citadini.com.br/atuacao/outros/dci850422.htm>. Acesso em: 1º set. 2006.

17. Recentemente (em 2/8/2006), o presidente do Tribunal de Contas da União, Adylson Motta, declarou que o maior entrave à alfabetização foi exatamente o voto do analfabeto, considerado por ele como um retrocesso, pois, na sua opinião, a partir desse momento acabou todo o movimento de alfabetização de adultos no país (www.agenciabrasil.gov.br/noticias/2006/08/02/materia.2006-08-02.7079811603).

18. Criado em 1996, o *Alfabetização Solidária* veicula em seu site e nos meios de comunicação de massa uma campanha de arrecadação de fundos cujo lema é "adote um analfabeto" (http://www.alfabetizacao.org.br/aapas_site/adotealuno.asp). Para críticas sobre o programa, ver, por exemplo, Haddad e Di Pierro (2000) e Di Pierro (2001).

doença que precisa ser extirpada da sociedade brasileira, na medida em que propõem a sua *erradicação* em um tempo o mais breve possível — cinco meses no caso do *Alfabetização Solidária*, de seis a oito meses no caso do *Brasil Alfabetizado*.[19] Reforçam, ainda, a ideia de que o alfabetizador de adultos pode ser qualquer pessoa "de boa vontade" que esteja disposta a "ajudar", e não um profissional com formação qualificada. Desse modo, a alfabetização não se coloca, mais uma vez, como direito, mas como "caridade", o que acaba por legitimar o lugar secundário ocupado pelas políticas de educação de jovens e adultos na agenda pública. O analfabeto assemelha-se a uma criança que precisa da ajuda de alguém para tirá-lo das trevas. Ou a alguém que precisa de carta de alforria, porque o analfabetismo é visto como uma espécie de escravidão.[20]

Esse tipo de representação, em suas diversas variações, é recorrente na mídia, como vimos, nos programas oficiais, no discurso político e, ao mesmo tempo que nutre o preconceito, gera a baixa autoestima dos não alfabetizados que, apesar de viverem dignamente, incorporam o discurso da inferioridade a eles atribuída. Muitos alfabetizadores, ao se depararem pela primeira vez com uma turma de adultos não alfabetizados, parecem se portar diante de "tábulas rasas" que precisam do saber do outro para sobreviverem. A ideia de que os educadores têm, entre suas tarefas, a "implantação" de uma suposta consciência crítica nos educandos é, do mesmo modo, muito forte: aqui também se repete uma concepção iluminista de educação, na medida em que se atribui aos intelectuais o papel de disseminar a suposta verdade.

---

19. Criado em 2003 pelo governo federal.

20. Nos discursos que proferiu em janeiro de 2003, na posse como ministro da Educação, e em setembro do mesmo ano, no lançamento do programa Brasil Alfabetizado, Cristóvam Buarque definiu a alfabetização de adultos como prioridade de sua gestão, referindo-se ao analfabetismo como "chaga" e comparando a meta de universalização da alfabetização à "abolição da escravidão".

O lugar simbólico do analfabeto na sociedade é histórico e por isso pode ser transformado

Podemos perceber, depois de percorridas as cenas acima, que o preconceito contra o analfabeto foi sendo fabricado, em diferentes instâncias sociais, ao longo da história brasileira. Esse processo não foi linear, na medida em que as visões sobre aquele que não sabe ler nem escrever não caminharam em uma única direção. Hoje, assim como ocorreu em outros momentos, discursos diferentes e muitas vezes antagônicos concorrem, em diferentes esferas, na produção de um lugar simbólico para esse sujeito.

As cenas ainda nos ajudam a compreender que, quando a cultura escrita não ocupava o lugar de cultura legítima e central na sociedade brasileira, não se podia falar da existência de um preconceito contra o analfabeto. Nesse momento, também as elites brancas masculinas proprietárias rurais, com poder de decisão política, não sentiam necessidade dos usos sociais da leitura e da escrita. Vemos, portanto, que o estigma contra o analfabeto não é universal, mas relativo ao poder da cultura escrita em tempos, grupos sociais e sociedades historicamente determinadas. Os usos e funções da escrita diferem enormemente nas diferentes sociedades, comunidades, e em consequência do pertencimento etário, de gênero etc. Para alguns grupos, aprender a ler e escrever é uma condição quase imprescindível para que se insira, de maneira mais pertinente e com maior propriedade, no mundo urbano, no campo de trabalho, em alguns espaços de lazer. Por outro lado, para alguns segmentos — pode-se pensar, por exemplo, em algumas comunidades rurais em que não circulam objetos escritos e impressos ou, de maneira extrema, em aldeias indígenas isoladas — aprender a ler e escrever não tem o mesmo grau de importância.

Constatamos também, por meio das cenas descritas, que a própria condição de analfabeto não é única mesmo quando estamos nos referindo a uma mesma época em uma mesma sociedade.

O estigma pode ser maior ou menor se aquele que não sabe ler nem escrever é um homem (e não uma mulher), um morador do meio urbano (e não do meio rural), um jovem (e não um idoso) e assim por diante. No próximo capítulo, retomaremos algumas das discussões aqui apontadas, na medida em que discutiremos dados sobre o analfabetismo no Brasil ao longo da história e na contemporaneidade.

Capítulo III

Onde estão, quantos e quem são os analfabetos brasileiros?

Quantos, quem são e onde vivem os brasileiros que, por não saber ler e escrever, sofrem preconceito e enfrentam cotidianamente as dificuldades de sobrevivência em uma sociedade em que a palavra escrita sempre está presente, compondo os eventos ou mediando as relações?

A resposta a essas questões depende dos critérios e métodos empregados para medir o nível de alfabetização das pessoas. Quando analisamos pequenos grupos ou amostras da população, é possível aferir seus conhecimentos de leitura e escrita por meio da aplicação de provas ou testes. Entretanto, quando se trata de mensurar os níveis de alfabetização de grandes conjuntos populacionais, é preciso utilizar meios mais simples, rápidos e econômicos. Importa também que as medidas sejam padronizadas, permitindo comparações ao longo do tempo e entre diferentes países.

Ao tratar desse assunto, devemos estar conscientes de que os termos, critérios e medidas utilizados nas pesquisas sobre alfabetização são elaborações culturais que influenciam o modo como a sociedade percebe, interpreta e avalia esse fenômeno. Quando ampliamos a concepção de alfabetização, por exemplo, tornando mais complexos os critérios para considerar alguém alfabetizado, estamos aumentando também o conjunto das pessoas consideradas analfabetas e incluindo-as em uma categoria social que pode ser objeto de preconceito.

Atualmente, o indicador de alfabetização mais utilizado para comparações históricas e internacionais é construído por meio da informação dos recenseamentos nacionais periódicos da população a respeito da capacidade declarada pelos informantes de ler e escrever um bilhete simples.[1] Como esse é um nível muito elementar de conhecimento da língua escrita e a sociedade atual tem exigências mais complexas em relação à capacidade de ler, escrever e calcular, vem sendo considerado também o grau de instrução dos indivíduos. A escolaridade é tomada como indicador de alfabetização com base na hipótese de que as pessoas adquirem, elevam e consolidam as habilidades de leitura e escrita ao longo de sua trajetória escolar.

Em 2004 o Instituto Brasileiro de Geografia e Estatística (IBGE) apurou que cerca de 13,9 milhões de brasileiros viviam em condição de analfabetismo absoluto, sem saber ler ou escrever um bilhete simples, o que representava 11,4% dos mais de 120 milhões de pessoas que tinham 15 anos ou mais. É um contingente de pessoas maior do que toda a população de um país como o Equador ou de um estado como a Bahia.

Quando comparado a outros países igualmente populosos, com nível de desenvolvimento similar, ou com os vizinhos latino-americanos, o Brasil apresenta índices elevados de analfabetismo (Tabela 1), o que nos conduz a procurar na história e na cultura nacionais os fatores que expliquem o lento avanço nos níveis de alfabetização no país.

1. Atendendo à recomendação da Unesco, esse critério de alfabetização vem sendo utilizado no Brasil desde o Censo de 1950; até o recenseamento de 1940, era considerada alfabetizada a pessoa que soubesse assinar o próprio nome.

Tabela 1

Taxa de analfabetismo das pessoas com 15 anos ou mais em países selecionados

País	Ano de referência	Taxa de analfabetismo (%)
Argentina	2001	2,8
Chile	2002	4,3
Colômbia	2003	5,8
Venezuela	2001	7,0
Paraguai	2001	8,4
Equador	2001	9,0
México	2002	9,7
Brasil	2003	11,6
Peru	2004	12,3
Bolívia	2001	13,5

Fonte: Unesco Institute for Statistics, 2005. Citado por IBGE, 2006.

Como já nos referimos, o primeiro recenseamento nacional foi realizado no Brasil durante o Império, em 1872, e constatou que 82,3% das pessoas com mais de cinco anos de idade eram analfabetas. Essa mesma proporção de analfabetos foi encontrada no recenseamento realizado em 1890, um ano depois de proclamada a República. Essa estatística confirma que, até fins do século XIX, as oportunidades de acesso à educação no Brasil eram muito reduzidas, restritas, principalmente, aos homens livres proprietários das vilas e cidades, minoria da população.

A historiografia tradicional atribui os elevados índices de analfabetismo da sociedade brasileira desses tempos a uma suposta indiferença da população rural, então majoritária, pela escola. Esse, talvez, seja mais um sintoma do preconceito que tende a responsabilizar os analfabetos por sua condição, já que há evidências e documentos históricos que demonstram que a população do campo tinha, sim, interesse pelo estudo, ficando os pobres (e os escravos em especial) dele afastados pela falta de professores ou de escolas que pudessem frequentar. Isso é o que se depreende de cartas escritas pela educadora alemã Ina von Binzer, que viveu entre 1881 e 1883 na zona rural da Província de São Paulo ensinando filhos de fazendeiros:

Os pretinhos nascidos agora não têm nenhum valor para seus donos, senão o de comilões inúteis... Por isso não se faz nada por eles, nem lhes ensinam como antigamente qualquer habilidade manual, porque mais tarde, nada renderão. (Binzer, 1994, p. 40-41.)

> (...) A lei da emancipação de 28 de setembro de 1871 determina entre outras coisas aos senhores de escravos, que mandem ensinar a ler e escrever a todas essas crianças. Em todo o Império, porém, não existem talvez dez casas onde esta imposição seja atendida. Nas fazendas sua execução é quase impossível... No interior, não há os mestres-escola rurais como na nossa terra, e assim sendo o fazendeiro ver-se-ia obrigado a mandar selar 20 a 50 animais para levar os pretinhos à vila mais próxima, geralmente muito distante; ou então teriam de manter um professor especial para essa meninada? (Binzer, 1994, p. 128.)

Não é, pois, de se estranhar que os índices de analfabetismo só tenham começado a recuar no século XX, quando se intensificou a migração do campo para as cidades e começou a se estruturar uma rede de escolas públicas acessível à população mais pobre, ao mesmo tempo que se desenvolveram campanhas de alfabetização de adultos. Devido ao crescimento acelerado da população, porém, o número absoluto de analfabetos cresceu continuamente, e só começou a declinar no final do século (Tabela 2).

O ritmo lento em que a proporção de analfabetos vem diminuindo no conjunto da população reflete o vagaroso processo de expansão da rede escolar e democratização do acesso ao sistema de ensino elementar no Brasil (Tabela 3). Afinal, embora não seja o único espaço social onde as pessoas podem se alfabetizar, a escola é a instituição à qual se atribui e de quem se cobra explicitamente a função de ensinar a ler e escrever.

Tabela 2

Brasil: Evolução do analfabetismo entre pessoas de 15 anos ou mais — 1920/2000

Ano/Censo	Total	Analfabetos	%
1920	17.557.282	11.401.715	64,9
1940	23.709.769	13.269.381	56,0
1950	30.249.423	15.272.632	50,5
1960	40.278.602	15.964.852	39,6
1970	54.008.604	18.146.977	33,6
1980	73.541.943	18.716.847	25,5
1991	95.837.043	19.233.758	20,0
2000	119.556.675	16.294.889	13,6

Fonte: IBGE. Censos Demográficos.

Tabela 3

Brasil: Evolução da taxa de população no ensino primário e fundamental — 1920/2000

Ano	População	Matrícula no ensino primário (4 anos)	%	Matrícula no ensino fundamental (8 anos)	%
1920	30.635.605	1.003.421	3,4		
1940	41.236.315	3.068.269	7,4		
1950	51.944.397	4.366.792	8,4		
1960	70.119.071	7.458.002	10,6		
1970	93.135.037			15.894.627	17,0
1980	119.002.706			22.598.254	19,0
1991	146.825.475			29.203.724	19,9
2000	169.799.170			35.717.948	21,0

Fontes: IBGE, MEC, INEP, citados em Haddad e Graciano, 2003.

Embora desde 1934 as Constituições brasileiras tornem obrigatória a frequência à escola primária, assegurando ensino público e gratuito aos cidadãos, somente em 2004 o índice de frequência ao ensino fundamental alcançou 97% das crianças e adolescentes. Em consequência disso, as gerações com idades mais avançadas, que não puderam beneficiar-se da expansão recente do sistema educacional brasileiro, são aquelas em que a proporção de analfabetos é maior: em 2001, enquanto no grupo de jovens de 15 a 19 anos a taxas de analfabetismo era de 3%, entre as pessoas de 45 a 59 anos esse índice subia para 17,6%. Em 2004, quando a população com 15 anos ou mais tinha em média 6,8 anos de estudos, a escolaridade dos idosos era de apenas 3,5 anos.

O fato de o analfabetismo se concentrar na população com idade mais elevada tem sido encarado por alguns governantes como razão para postergar as políticas públicas de alfabetização de adultos, sob o argumento de que o investimento em populações que já se encontram no final de sua vida produtiva tem pouco retorno social e econômico. De acordo com essa linha de raciocínio, as políticas públicas de educação deveriam priorizar as novas gerações, deixando para a dinâmica demográfica a resolução do problema do analfabetismo. Quando ocupou o cargo de ministro da Educação, por exemplo, o físico José Goldemberg não teve pudor de expressar em declaração à imprensa seu desprezo pelos direitos educativos dos adultos analfabetos:

> O adulto analfabeto já encontrou seu lugar na sociedade. Pode não ser um bom lugar, mas é o seu lugar. Vai ser pedreiro, vigia de prédio, lixeiro ou seguir outras profissões que não exigem alfabetização. Alfabetizar o adulto não vai mudar muito sua posição dentro da sociedade e pode até perturbar. Vamos concentrar os nossos recursos em alfabetizar a população jovem. Fazemos isso agora, em dez anos desaparece o analfabetismo. (*Jornal do Commercio*, Rio de Janeiro, 12/10/1991.)

Se membros das elites instruídas pensavam assim recentemente, pode-se imaginar quão difícil tem sido para certos grupos sociais discriminados superar os preconceitos que restringem seu horizonte educacional. Até meados do século XX, por exemplo, as pessoas do sexo feminino enfrentavam grandes barreiras sociais e culturais para ter acesso à escola, vista por alguns como lugar de perdição. Por muito tempo, e mesmo entre as elites, a inserção das mulheres em processos formais de alfabetização e seu acesso ao mundo da leitura e da escrita foram vedados ou tutelados pelos pais e maridos, que temiam que esses conhecimentos servissem para a comunicação com namorados ou possibilitassem a entrada nos mundos imaginários e fugidios da literatura. Por isso, em meio à população com idade mais avançada há mais mulheres analfabetas do que homens (Tabela 4). São também as mulheres que procuram com maior frequência os cursos de alfabetização: dentre os dois milhões de inscritos no Programa Brasil Alfabetizado em 2006, por exemplo, 57,6% eram pessoas do sexo feminino. Ao ingressarem em cursos de alfabetização, essas mulheres dão testemunho das restrições sofridas:

> Eu morava na roça, meu pai não deixava. 'Não vai não, você é mulher, vai querer escrever cartinha para namorado'. Ele estava certo, quando a gente começa a ler, a primeira coisa que a gente faz é escrever cartinha pro namorado. (Anápolis, GO). (Citado em Abramovay e Andrade, 2005, p. 49.)

> As pessoas antigas diziam que menina não precisava estudar. Estudar pra quê? Para escrever cartinha para namorado? Meu padrinho não quis comprar nem livro pra mim estudar em casa, nem no colégio; ele dizia que eu não era homem, que homem era que precisava de estudo. Aí, me criei lá e me casei e vim pra cá, para Niterói, e só agora que eu vim pra cá pra ver se eu aprendo alguma coisa, depois dessa idade toda. (Niterói, RJ). (Citado em Abramovay e Andrade, 2005, p. 118.)

Tabela 4

Brasil: Pessoas de 15 anos ou mais, não alfabetizadas,
por sexo segundo os grupos de idade — 2000

Grupos de idade	Total	Homens	%	Mulheres	%
Total	15.467.262	7.526.250	48,66%	7.941.012	51,34%
15 a 17 anos	432.005	287.005	66,44%	145.000	33,56%
18 a 24 anos	1.330.327	837.329	62,94%	492.998	37,06%
25 a 29 anos	1.040.647	618.652	59,45%	421.994	40,55%
30 a 34 anos	1.197.781	670.639	55,99%	527.142	44,01%
35 a 39 anos	1.252.178	668.772	53,41%	583.406	46,59%
mais de 39 anos	10.214.324	4.443.853	43,51%	5.770.472	56,49%

Fonte: IBGE, Censo Demográfico 2000.

Ainda que o sistema educacional brasileiro venha incorporando contingentes cada vez mais amplos da população, difundindo o acesso à leitura e à escrita, o acesso e a progressão na educação básica são ainda muito seletivos, e a qualidade do ensino oferecido pelas escolas é muito desigual. Por isso, o analfabetismo se concentra em determinadas regiões geográficas e subgrupos étnicos e socioeconômicos da população. As chances de permanecer analfabeto são muito maiores para quem provém de famílias de baixa renda, é negro ou vive nas zonas rurais do Nordeste do país.

Pobreza e analfabetismo são, nos tempos atuais, termos indissociáveis, e essa associação fica ainda mais evidente em um país com acentuada concentração de renda, como é o caso do Brasil.[2] Conforme se observa na Tabela 5, uma pessoa que viva em um domicílio cuja renda é inferior a um salário mínimo mensal tem

2. De acordo com o Relatório sobre o Desenvolvimento Humano de 2005, publicado pelo Programa das Nações Unidas para o Desenvolvimento (PNUD), o Brasil se encontra entre os países com maior desigualdade na distribuição da riqueza, pois os 10% mais ricos se apropriam de 47% da renda nacional, enquanto os 10% mais pobres ficam com apenas 0,7% dela (http://www.pnud.org.br/arquivos/rdh/rdh2005/rdh2005_brasil.pdf).

uma probabilidade seis vezes maior de ser analfabeta do que um brasileiro que vive em família com renda entre cinco e dez salários mínimos mensais. Apresentando índices residuais nos grupos sociais com renda mais elevada, o analfabetismo é muito mais frequente nas famílias com menos recursos, que vivem em locais desprovidos de escolas, onde a leitura e a escrita quase não fazem parte da vida cotidiana, e também nas comunidades onde as crianças são impelidas a trabalhar desde cedo, ficando impedidas de estudar.

Tabela 5

Taxa de analfabetismo na população com 15 anos ou mais, por rendimento domiciliar — 2001

Região	**Rendimento Domiciliar em Salário Mínimo Corrente**					
	Total	**Até 1**	**Mais de 1 até 3**	**Mais de 3 até 5**	**Mais de 5 até 10**	**Mais de 10**
Brasil	12,4	28,8	19,7	9,7	4,7	1,4
Norte	11,2	22,6	15,5	9,9	5,0	2,0
Nordeste	24,3	36,8	29,3	17,2	8,4	1,8
Sudeste	7,5	20,0	13,5	7,5	4,0	1,5
Sul	7,1	19,5	12,4	5,9	3,6	0,8
Centro-Oeste	10,2	23,3	15,3	8,9	5,0	1,4

Fonte: IBGE, PNAD 2001, citado por INEP, 2003, p. 11.

Esses contextos de pobreza extrema existem também nas periferias das metrópoles brasileiras; são, porém, mais frequentes nas zonas rurais, o que repercute na distribuição desigual do analfabetismo entre o campo e a cidade. Em 2004, quando a taxa de analfabetismo na média das zonas urbanas do país era de 8,7%, esse índice se elevava a 25,8% nas zonas rurais. Isso significa que um em cada quatro brasileiros com 15 anos ou mais que vive no campo não sabe ler ou escrever um simples bilhete.

Há grandes disparidades também na distribuição regional dos índices de analfabetismo (Tabela 6), com evidente desvantagem para a população da região Nordeste e, no seu interior, para aquelas pessoas que vivem nos estados de Alagoas, Piauí e Paraíba, onde o analfabetismo urbano alcança taxas superiores a 25% e excede 40% da população rural. Mais da metade dos analfabetos brasileiros — quase oito milhões de pessoas — vivem no Nordeste, região densamente povoada, com populações afrodescendentes e rurais relativamente elevadas, profundas desigualdades nos níveis de renda e grande incidência de pobreza, todos esses fatores socioeconômicos que influenciam negativamente no acesso à escolarização.

Tabela 6

Taxa de analfabetismo das pessoas com 15 anos ou mais, por situação de domicílio — 2004

Região	Total	Urbana	Rural
Brasil	11,4	8,7	25,8
Norte	12,7	9,7	22,2
Nordeste	22,4	16,8	37,7
Sudeste	6,6	5,8	16,7
Sul	6,3	5,4	10,4
Centro-Oeste	9,2	8,0	16,9

Fonte: IBGE. Síntese dos Indicadores Sociais 2005.

A diferença nos índices de alfabetização de brancos e negros coloca em evidência quão distante a sociedade brasileira se encontra de ser uma democracia racial: em 2004, a taxa média de analfabetismo entre as pessoas pretas e pardas com 15 anos ou mais superava os 16%, e era quase o dobro daquela encontrada entre os brancos, da ordem de 7%. Por causa da histórica exclusão socioeconômica, cultural e política dos afrodescendentes no Brasil, mais de um século após o fim da escravidão, o pertencimento étnico-

-racial é, ao lado da renda, uma das características da população que afeta a distribuição desigual da alfabetização.

Durante muito tempo se acreditou que as desvantagens dos afrodescendentes no campo educacional seriam meros reflexos da condição socioeconômica e que poderiam ser superadas com desenvolvimento econômico e distribuição de renda. Os estudos mais recentes comprovam que, embora o país tenha se modernizado e todos os grupos étnico-raciais tenham elevado sua escolaridade, as diferenças de nível educacional entre negros e brancos se mantêm inalteradas e que os resultados educacionais dos negros são piores mesmo quando comparadas populações economicamente homogêneas, o que põe em evidência o racismo que permeia a sociedade e as instituições brasileiras, dentre as quais a escola e as relações sociais que se estabelecem em seu interior.[3]

Como vemos, o critério censitário de definição do binômio alfabetização/analfabetismo permite analisar a evolução desses fenômenos no tempo e sua distribuição no território e nas categorias sociais, realizando comparações entre países e regiões. Entretanto, esse critério indica um nível muito elementar de habilidades de leitura e escrita, que já não corresponde às exigências mínimas de conhecimento da língua em grande parte dos contextos em que os indivíduos têm que atuar na sociedade contemporânea, em que a informação escrita está presente de modo explícito ou subjacente, nos conteúdos da comunicação oral dos indivíduos e dos meios audiovisuais. Por esse motivo, começaram a ser formuladas outras definições e medidas para se referir aos diferentes níveis ou posições intermediárias no eixo analfabetismo/alfabetização.

Duas décadas depois de definir a pessoa alfabetizada como sendo aquela capaz de ler e escrever um enunciado simples relacionado à vida diária, na década de 1970 a Unesco sugeriu a adoção

3. Sobre o assunto, consultar Beltrão e Novellino (2002), Henriques (2001) e Rosemberg (1998).

dos conceitos de analfabetismo e alfabetismo funcional, relacionados à capacidade de utilizar a leitura e para fazer frente às demandas do contexto social.

Há quem considere a expressão *analfabetismo funcional* inadequada porque, em uma sociedade grafocêntrica como esta em que vivemos, mesmo um conhecimento bastante rudimentar do sistema de escrita pode ser muito valioso e, portanto, *funcional* para quem o possui. A habilidade de escrever o próprio nome, que permite substituir a impressão digital pela assinatura em situações formais de identificação, tem enorme significação para os jovens e adultos que se encontram em processo de alfabetização. Como o analfabetismo suscita preconceito, a incapacidade de assinar o nome e a imposição de "sujar o dedo na tinta" para imprimir a digital expõem os analfabetos ao constrangimento, que eles procuram evitar mediante o "desenho do nome", primeira aprendizagem que todo alfabetizando deseja realizar, antes mesmo de conhecer os mecanismos de codificação do sistema alfabético de escrita. A capacidade de executar com autonomia a própria assinatura representa, assim, a superação do estigma que acompanha o analfabeto em sua vida e simboliza o passaporte de acesso à cultura letrada dominante na sociedade.

Ainda que consideremos que todo conhecimento da língua possa ser útil para certas pessoas ou grupos, permanece a questão sobre quais os níveis mínimos de domínio da leitura e da escrita a sociedade deve proporcionar aos indivíduos para que possam se desenvolver pessoalmente, desempenhar adequadamente suas responsabilidades na família e responder às exigências coletivas de participação política, econômica e cultural. Das respostas a essa questão derivam critérios para medir o grau de alfabetismo[4] *funcional* da população.

---

4. O termo alfabetismo não era usual nos escritos sobre educação brasileira, nos quais foi introduzido na década de 1990 por Magda Soares (1995) e Ribeiro (1999) para distinguir

Seguindo o critério internacional adotado pela Unesco, que considera analfabetos funcionais os jovens e adultos que têm menos de quatro anos de estudos, constatamos que praticamente a quarta parte da população adulta brasileira (cerca de 30 milhões de pessoas) encontra-se nessa categoria (Tabela 7).

Tabela 7

Brasil: Taxa de analfabetismo funcional das pessoas com 15 anos ou mais de idade, por sexo e situação de domicílio, segundo as Regiões Geográficas — 2004

Região	**Total**	**Homens**	**Mulheres**	**Urbana**	**Rural**
Brasil	24,4	25,0	23,9	20,1	47,5
Norte	29,1	31,2	26,9	23	47,4
Nordeste	37,6	40,9	34,6	29,5	59,4
Sudeste	18,1	17,1	19,0	16,4	39,1
Sul	18,6	17,6	19,4	16,3	29,1
Centro-Oeste	22,0	23,2	20,9	19,6	37,7

Fonte: IBGE. Síntese dos Indicadores Sociais 2005.

A proporção de pessoas jovens e adultas com pouca escolaridade e que, segundo esse critério, são analfabetos funcionais é muito elevada nas zonas rurais, especialmente na região Nordeste, onde se aproximam de 60% do total, configurando a maioria da população jovem e adulta.

Embora a grandeza dos números provoque espanto, esse dado não deveria surpreender quem sabe que metade das escolas rurais do país tem apenas uma sala de aula multisseriada, 82% oferecem apenas as séries iniciais do Ensino Fundamental, e nelas estão matriculadas 70% das crianças e adolescentes que estudam no campo

---

a alfabetização (entendida como aprendizagem da tecnologia da leitura e da escrita) do alfabetismo (que designa a condição daquele que faz uso desses recursos na vida cotidiana, incorporando-os aos modos de agir e pensar).

(Ramos et al., 2004). Boa parte dos analfabetos funcionais brasileiros é formada por egressos desses estabelecimentos de ensino precários, descritos como "a escolinha cai não cai, onde uma professora que quase não sabe ler ensina alguém a não saber quase ler" (Arroyo, 2004, p. 71).

A diversidade das condições de ensino e aprendizagem nas escolas brasileiras é uma das razões que levam os estudiosos a considerar os anos de estudos uma medida insuficiente para a análise dos níveis de alfabetismo da população. Para melhor conhecê-los, duas organizações sociais reuniram suas especialidades[5] e criaram o Indicador Nacional de Alfabetismo (Inaf), resultante de testes periódicos de habilidades de leitura e escrita aplicados a amostras representativas da população brasileira de 15 a 67 anos de idade (Montenegro et al., 2005; Ribeiro, 2004). Os resultados são classificados em quatro níveis: consideram-se analfabetos aqueles que não conseguem realizar tarefas simples de decodificação de palavras e frases; no primeiro nível de alfabetismo rudimentar situam-se as pessoas com capacidade de localizar informações explícitas em textos muito curtos, cuja configuração auxilia o reconhecimento do conteúdo solicitado; o nível básico de alfabetismo corresponde à capacidade de localizar informações em textos curtos (por exemplo, em uma carta reclamando de um defeito em uma geladeira comprada, identificar o defeito apresentado); situa-se no nível de alfabetismo pleno o grupo que demonstra capacidade de ler textos mais longos, orientando-se por subtítulos, localizando e relacionando mais de uma informação, fazendo comparações, inferências e sínteses (Tabela 8).

Além de demonstrar que apenas a quarta parte dos jovens e adultos brasileiros estão plenamente alfabetizados, essa pesquisa

5. Ação Educativa (www.acaoeducativa.org) se dedica à educação de jovens e adultos; o Instituto Paulo Montenegro (www.ipm.org.br) desenvolve os projetos de responsabilidade social do Instituto Brasileiro de Opinião Pública e Estatística.

Tabela 8

INAF: Evolução dos níveis de alfabetismo (leitura e escrita) — 2001 a 2005

Ano	2001	2003	2005	Diferença
Analfabeto	9%	8%	7%	–2 pp
Alfabetizado Nível Rudimentar	31%	30%	30%	–1 pp
Alfabetizado Nível Básico	34%	37%	38%	+4 pp
Alfabetizado Nível Pleno	26%	25%	26%	—

Fonte: Instituto Paulo Montenegro.

proporciona outras informações sobre fatores que influenciam no letramento da população, como a convivência com leitores na infância, a disponibilidade de materiais de leitura (livros, revistas, jornais), o hábito de frequentar bibliotecas, a variedade de leituras e de fontes de informação sobre temas da atualidade. Percebe-se, assim, que não só na escola se aprende e desenvolve a capacidade de ler e escrever, mas também no trabalho, na família, nas atividades culturais ou comunitárias, nas igrejas ou na interação com os meios de comunicação de massa.

Entretanto, em todos os anos em que a pesquisa foi realizada, a escolaridade foi o fator que mais influenciou o desempenho dos jovens e adultos nos testes de leitura e escrita: a maioria dos analfabetos está entre as pessoas que nunca estudaram ou o fizeram por menos de um ano; das pessoas que alcançaram o nível pleno de analfabetismo, mais da metade estudou até o Ensino Médio; entre esses dois extremos, a pesquisa demonstra que a conclusão do Ensino Fundamental é a escolaridade mínima para que as pessoas consolidem o nível básico de alfabetismo. Embora alerte que a escolarização formal não é o único fator a determinar os níveis de alfabetismo das pessoas jovens e adultas, esse estudo também demonstra que certos mínimos de escolaridade constituem as bases necessárias para que as pessoas incorporem na vida cotidiana práticas sociais que favoreçam o exercício da leitura, da escrita e do cálculo, o interesse pelo debate público, a fruição do lazer e dos bens culturais, a busca de informação e de oportunidades de aperfeiçoamento, aos quais se vinculam a manutenção e o desenvolvimento das habilidades típicas do alfabetismo.

Essa discussão nos remete à questão das oportunidades educacionais às quais os jovens e os adultos têm acesso, uma vez que a Constituição Federal de 1988 garantiu às pessoas de qualquer idade o direito público subjetivo ao ensino fundamental público e gratuito. Como sabemos, a escolaridade média dos jovens e adultos brasileiros ainda não alcançou o Ensino Fundamental completo, situando-se em 6,8 anos de estudos em 2004. Confrontando estatísticas populacionais e dados de frequência escolar do ano de 2000, Haddad e Graciano (2003) constataram que a proporção de brasileiros de mais de 14 anos com baixa escolaridade que tinham acesso aos estudos correspondia a cerca de 16,3% do total. Utilizando metodologia similar e dados mais recentes, o Ministério da Educação estimou em 67 milhões a população de brasileiros com mais de 14 anos que não haviam concluído ou tinham acesso a alguma modalidade de ensino destinada a jovens e adultos. Mesmo que essas estimativas sejam imprecisas e não considerem o fato de que nem todas as pessoas analfabetas ou pouco escolarizadas encontram motivações para seguir estudos, somos levados a concluir que, se avançamos na direção da garantia do acesso de crianças e adolescentes à educação escolar, estamos longe de proporcionar aos jovens e adultos oportunidades apropriadas de aprendizagem ao longo da vida.

Capítulo IV

O debate teórico: podem as pesquisas auxiliar a superar o preconceito contra o analfabeto?

Discutimos, nos capítulos anteriores, a vivência do preconceito, pelo analfabeto, na sociedade brasileira contemporânea; explicitamos alguns momentos da história do Brasil que parecem ter sido decisivos na construção desse estigma; vimos quantos são e onde vivem os analfabetos no nosso país.

Diante desse quadro, buscamos debater, neste capítulo, de que maneira alguns estudos que vêm sendo realizados, no Brasil e em outros países, têm contribuído para a compreensão das relações entre alfabetização e uma série de outros fenômenos, como cidadania, desenvolvimento econômico e social, desenvolvimento cognitivo, cultura popular, cultura letrada, oralidade e cultura escrita. Acreditamos, desse modo, que essas pesquisas podem se tornar instrumentos para buscar a superação, em diversas instâncias sociais, do preconceito contra o analfabeto. Podem, também, fornecer elementos teóricos para a concretização de práticas pedagógicas que possibilitem a inserção mais efetiva daqueles que não sabem ler nem escrever em uma sociedade marcada pela presença da escrita.

Alfabetização e desenvolvimento social e econômico

Certamente o leitor já ouviu alguém fazer a afirmação de que o problema do "atraso" da sociedade brasileira se deve ao analfabetismo. Fenômenos como corrupção, violência, vandalismo, desemprego, pobreza, tráfico de drogas e subdesenvolvimento são explicados a partir das baixas taxas de escolarização do povo brasileiro. Na verdade, a associação entre alfabetização e desenvolvimento social e econômico não é comum apenas no Brasil, mas tem sido propalada em várias instâncias sociais, em diversos países.

Durante décadas, foi disseminada a ideia de que, quanto maiores as taxas de alfabetização de uma determinada sociedade, maiores seriam as possibilidades de que ela se tornasse desenvolvida, tanto do ponto de vista econômico, quanto do ponto de vista social. Na mesma direção, acreditou-se que o analfabetismo era uma das principais causas do subdesenvolvimento dos países periféricos. A própria Unesco ajudou a difundir essas ideias: em seus programas, há a ideia subjacente de que o alfabetismo é algo intrinsecamente positivo para todos, vinculado ao progresso individual e social; por outro lado, o analfabetismo relaciona-se à pobreza e ao atraso. No meio acadêmico, algumas pesquisas também contribuíram para a difusão dessas ideias.

Por outro lado, muitos estudos realizados nas últimas décadas contribuíram para relativizar e criticar esses pressupostos. Harvey Graff, historiador norte-americano, foi, contemporaneamente, um dos pesquisadores que mais contestou, de maneira bastante contundente, esse pensamento dominante. Em seu livro *Os labirintos da alfabetização: reflexões sobre o passado e o presente da alfabetização*,[1] publicado no Brasil em 1994, o autor discute as frágeis argumentações dos estudiosos que divulgam aquilo que denominou de *mito do alfa-*

1. O original foi publicado em 1987 com o título *The labyrinths of literacy: reflexions on literacy past and present*. Londres: The Falmer Press.

betismo e, recorrendo a casos históricos, mostra que não existe uma relação direta e mecânica entre os dois fenômenos — alfabetização e desenvolvimento econômico e social. Desse modo, embora os países ricos apresentem índices de alfabetização, de modo geral, superiores aos de países pobres, esse dado não é suficiente para explicar o desenvolvimento ou subdesenvolvimento de uma determinada sociedade.

Graff (1994) afirma que, até muito recentemente, uma série de suposições e expectativas se vinculava, no imaginário acadêmico e popular, ao ato de aprender a ler e escrever. Segundo o autor, essas ideias, que buscam apontar os presumíveis efeitos que acompanhariam a difusão do alfabetismo, embora vagas, são extremamente poderosas, pois se vinculam aos pressupostos iluministas e liberais e às teorias contemporâneas da modernização.

Para o autor, o estudo histórico de alguns casos mostra que essas teorizações são pouco apropriadas. As pesquisas tradicionalmente realizadas no campo da história da alfabetização, ao priorizar o estudo das mudanças (individuais e sociais) em uma perspectiva evolucionista, ignoram as complexidades desses processos em cada sociedade: o alfabetismo torna-se, nesse processo, "...um dos elementos-chave na parcela mais ampla de características e processos que transformaram um mundo tradicional, pré-moderno, no Ocidente moderno" (Graff, 1990, p. 44).

No entanto, quando se estuda o passado, na verdade, constata-se que "existem demasiados períodos de atraso, retrocessos, contratempos e contradições para permitir que uma teorização tão precipitada continue a existir sem desafio e crítica" (Graff, 1990, p. 52).

Graff (1994) mostra, por exemplo, que as relações entre alfabetismo e desenvolvimento econômico, no período que se estende da Idade Média ao século XIX, são plenas de aparentes contradições. Em alguns momentos, em lugares com níveis expressivamente baixos de alfabetismo, ocorreram importantes trocas comerciais e mesmo passos importantes no desenvolvimento industrial. Por outro lado, taxas mais altas de alfabetismo não se mostraram, em outras sociedades e épocas, estimuladoras ou propulsoras do desenvolvimento econômico moderno. Mudanças significativas ocorridas nos modos de organização econômica de alguns lugares não se correlacionam, de maneira direta, às habilidades alfabéticas ou às taxas de escolarização da população. As demandas sobre a força de trabalho nesses momentos decisivos raramente foram de natureza intelectual ou cognitiva. Graff argumenta que

> Na verdade, a industrialização, com frequência, reduziu oportunidades para a escolarização e, consequentemente, as taxas de alfabetismo caíram à medida que ela cobrava seus direitos sobre o "capital humano" de que se alimentava. Em grande parte da Europa e certamente na Inglaterra — o caso paradigmático — o desenvolvimento industrial (a "Primeira Revolução Industrial") não foi construído em cima dos ombros de uma força de trabalho alfabetizada, nem serviu para aumentar os níveis de alfabetismo popular, ao menos a curto prazo. (Graff, 1990, p. 50.)

O autor mostra, no entanto, que também há casos em que a existência de níveis mais altos de alfabetismo no momento anterior à industrialização pode ter contribuído para a transição mais rápida, e ao mesmo tempo menos conflituosa, para o advento do capitalismo. A alfabetização e a escolarização permitiram, nesses casos, a preparação da futura força de trabalho "para a conduta, os hábitos, o comportamento, os ritmos e a disciplina exigida pela fábrica" (Graff, 1990, p. 50). O autor mostra, assim, que não existe um modelo explicativo único para o caso das diferentes sociedades e que as relações entre alfabetismo e desenvolvimento econômico são muito mais complexas do que normalmente se supõe.

Vários autores recorrem ao caso da Suécia para melhor explicar essas intrincadas e nem sempre explícitas relações. Graff cita o trabalho de Egil Johansson, publicado naquele país em 1973, para fundamentar, uma vez mais, seus argumentos. Na Suécia, níveis quase universais de alfabetismo foram alcançados antes mesmo do século XVIII, em virtude do esforço conjunto da Igreja Luterana e do Estado, tornando o povo sueco o mais rapidamente alfabetizado do mundo ocidental. A partir da Reforma, altos níveis de alfabetismo foram obtidos, inclusive e principalmente entre as mulheres mães, consideradas as grandes responsáveis pela educação das novas gerações. Por outro lado, não se observou nenhum desenvolvimento concomitante na escolarização formal ou no desenvolvimento econômico do país. A urbanização, o comércio e a indústria parecem, assim, não ter tido, nesse caso, nenhuma responsabilidade sobre a generalização da alfabetização em escala social. De maneira semelhante, outras áreas que alcançaram níveis altos de alfabetismo foram também marcadas pela religião, em geral protestante mas também católica, como é o caso da Escócia, da Nova Inglaterra, dos centros huguenotes franceses e de certos lugares no interior da Alemanha e da Suíça (Graff, 1990).

Um outro caso citado por Graff, a partir das pesquisas de Henry Dobyns, realizadas nos anos 50 e 60 do século XX, refere-se às relações entre alfabetismo e mudança social em uma aldeia indígena no Peru. Esse autor observou que, nesse caso, a educação e o crescimento econômico, embora estivessem positivamente correlacionados, constituíam dois processos independentes. O aumento da produção agrícola e a maior participação da população nas decisões da aldeia, observados no período, não estavam relacionados diretamente a maior oferta de escolarização, fenômeno que ocorreu posteriormente. A melhoria na produtividade econômica foi, na verdade, obtida por índios analfabetos que transmitiam os novos processos por meio da linguagem oral e da demonstração prática de suas habilidades. Por outro lado, depois que os índios Vicos passaram a administrar seus próprios negócios, as habilidades da escrita assumiram maior importância e passaram a se relacionar mais diretamente ao empreendimento agrícola da comunidade. O crescimento do alfabetismo contribuiu, assim, para redefinir os papéis e as relações de poder naquela sociedade.

Os estudos aqui sintetizados, sobretudo a partir dos trabalhos de Harvey Graff, mostram, portanto, que as relações existentes entre alfabetismo e desenvolvimento econômico e social não podem ser reduzidas àquelas que se fundamentam em um modelo de causa-consequência. São, na verdade, muito mais complexas do que normalmente supomos. Por isso, é importante não tornar a ideia de que a alfabetização é por si só positiva uma crença inquestionável, mas entendê-la em certos contextos sociais e culturais específicos. A alfabetização não gera necessariamente o progresso, pessoal ou social. Como já explicitamos em outros momentos deste livro, os usos e as funções da escrita diferem significativamente nas sociedades e entre os distintos grupos sociais. O alfabetismo tem sido, crescentemente, pensado em contextos específicos e não de maneira abstrata e universal.

Alfabetização e cidadania

Um dos grupos sociais cujo direito político ao voto mais tardou a ser reconhecido no Brasil, contemporaneamente, foi aquele constituído pelos analfabetos.[2] Essa é uma das muitas evidências da concepção dominante em nossa sociedade de que apenas as pessoas alfabetizadas teriam consciência e responsabilidade para participar social e politicamente, exercendo plenamente a cidadania. Segundo essa visão assimilada ao senso comum, os analfabetos seriam pessoas ignorantes e vulneráveis à manipulação, às quais faltariam discernimento e autonomia para exercer o papel de cidadãos.

2. O artigo 14 da Constituição de 1988 reconheceu o direito ao voto facultativo dos analfabetos e dos jovens a partir dos 16 anos.

De acordo com essa concepção, a alfabetização seria o atributo fundamental para a participação na sociedade democrática e sua ausência o principal obstáculo ao exercício consciente da cidadania.

No entanto, os estudos que analisamos neste capítulo indicam que os nexos entre alfabetização e cidadania existem, porém são bem mais complexos, e não devem ser interpretados como uma relação primária e linear de causalidade.

Grande parte do pensamento social moderno no campo da sociologia e da economia política se dedicou a esclarecer que as condições materiais de existência e a posição dos indivíduos na estrutura produtiva estão na base dos processos de alienação, opressão política e exclusão social, de que o analfabetismo e o acesso limitado à educação são apenas algumas das muitas manifestações, e não suas causas principais ou exclusivas. Em sociedades estruturalmente desiguais, a outorga e a fruição dos direitos civis, políticos e sociais foram condicionadas pela condição de classe, e sua conquista foi, ao longo da história, objeto de reivindicações e lutas sociais processadas pelos sistemas político e jurídico. Revisando a historiografia sobre o tema, Cury (2002) assinala que o reconhecimento jurídico do direito à educação, que em boa parte dos países ocidentais transcorreu no final do século XIX e início do século XX, foi também resultado das forças sociais em conflito, devendo-se em grande medida às reivindicações das classes trabalhadoras, que viram na educação um meio de ampliação da participação na vida econômica, social e política.

Nessa mesma direção, Soares (1990) questiona a ênfase que se costuma atribuir à alfabetização como instrumento de promoção da cidadania. Essa autora lembra que a educação é um componente dos processos de conquista dos direitos sociais, civis e políticos, mas sublinha que a cidadania vai sendo construída sobretudo nas práticas sociais e políticas de resistência, organização, participação e reivindicação dos grupos populares.

De outro lado, as pesquisas antropológicas sobre as sociedades de cultura oral auxiliam a nos despojarmos de uma visão etnocêntrica e percebermos que, como toda tecnologia, a alfabetização não é um objeto neutro, dotado de valor positivo em si, independente do contexto cultural; sua importância decorre dos usos sociais que a leitura e a escrita adquirem em cada sociedade e momento histórico singular.

Soares (1990) assinala que nas sociedades modernas, em que a escrita está incorporada a todas as dimensões da vida, atribui-se tal valor a essa tecnologia a ponto de mitificá-la como critério de verdade e de legitimidade do conhecimento.

> Assim, enquanto a sua posse e uso plenos sejam privilégio de determinadas classes e categorias sociais, a escrita assume o papel de arma para o exercício do poder, de legitimação da dominação econômica, social, cultural, de discriminação e de exclusão. No quadro da ideologia hegemônica em sociedade grafocêntrica, não há possibilidade de participação econômica, política, social, cultural plena sem o domínio da escrita.
>
> É no quadro dessa ideologia, em que se insere o nosso país, que no significado da alfabetização ultrapassa de muito a mera aquisição de uma "técnica" — saber ler e escrever; a alfabetização é fundamentalmente um processo político através do qual grupos excluídos dos direitos sociais civis e políticos têm acesso a bens culturais que são sonegados e que são um capital indispensável na luta pela conquista desses direitos, pela participação no poder e pela transformação social. (Soares, 1990.)

Nessa linha de raciocínio e no contexto de sociedades grafocêntricas, a alfabetização deixa de ser vista como uma precondição para constituir-se em instrumento da luta pela conquista da cidadania.

Foi nessa direção que o influente educador Paulo Freire (1987, 1996, 2002) ofereceu sua contribuição pedagógica, enfatizando a dimensão política da alfabetização de adultos, compreendida como momento de um processo de conscientização dos educandos provenientes das camadas sociais oprimidas, que conduz a uma postura crítica e participativa transformadora das estruturas sociais injustas.

Alfabetização e desenvolvimento cognitivo

Dentre os lugares-comuns que circulam nas conversações a respeito da educação na idade adulta está o ditado popular "papagaio velho não aprende". De fato, uma das fontes do preconceito em relação aos analfabetos reside na suposição de que a ausência das habilidades de leitura e escrita ou sua aquisição "tardia", quando adultos, restringiriam o desenvolvimento psicológico ou cognitivo dos indivíduos ou grupos sociais.

Os fundamentos científicos desse debate são frágeis, já que as teorias do desenvolvimento abordam quase que exclusivamente a criança e o adolescente, estando ainda por construir uma boa psicologia do adulto (Oliveira, 1999). Embora escassos, a maior parte dos estudos psico-pedagógicos recentes sustentam que as pessoas são plenamente capazes de seguir aprendendo em qualquer idade (Palácios, 1995), ainda que a pertinência a determinados subgrupos socioculturais ou etários possa levar à variância em determinadas características, estilos e funções cognitivas, como a memória, por exemplo.[3]

No Brasil, umas poucas pesquisas educacionais realizadas nos anos 70 e ancoradas em referenciais teóricos da psicometria ou da psicologia genética concluíram que adultos analfabetos ou com

3. Izquierdo (1989) assinala que o esquecimento é um fenômeno normal e necessário à atividade cognitiva, e explica que a redução da memória (ou mais precisamente da capacidade de evocação) se deve à perda neuronal progressiva que tem início no primeiro ano de vida dos seres humanos, e que pode atingir proporções importantes em pessoas com idades superiores a 70 ou 80 anos.

pouca escolaridade apresentavam atraso intelectual, operavam predominantemente no nível concreto e não desenvolviam raciocínios lógico-abstratos. Na mesma época, porém, estudos baseados em abordagens antropológicas ou histórico-culturais contestaram esses resultados, argumentando que os testes utilizados para obtê-los não avaliavam propriamente as competências cognitivas dos indivíduos, mas mediam habilidades desenvolvidas na escolarização ou na experiência adquirida em contextos urbanos burocratizados.[4]

De fato, muitas das pesquisas que contribuem para ratificar o "mito do alfabetismo" consideram escolarização e habilidades/atitudes letradas como sinônimos. Na verdade, muitas das consequências psicológicas atribuídas ao letramento são resultados da escolarização, como demonstraram os estudos de Scribner e Cole (1974) sobre a aldeia Vai, na África, em que pessoas escolarizadas e não escolarizadas foram comparadas em relação a certos tipos de comportamentos normalmente atribuídos às pessoas letradas. É a escolarização institucional formal — e não o letramento em si — que enfatiza, em seus processos de aprendizagem, formulações gerais ou descrições/competências em sistemas simbólicos e abstratos. Na escola, o letramento tem um uso especial: a linguagem separa-se do contexto de ação, de modo que as pessoas aprendem a manejar o conhecimento descontextualizado e a refletir sobre o próprio processo de aquisição do conhecimento, desenvolvendo habilidades de planejamento e controle da própria atividade cognitiva, pertinentes ao domínio que os psicólogos denominam metacognição.

Oliveira (1992, 1999) situa o debate teórico sobre eventuais diferenças no desenvolvimento cognitivo dos adultos no campo mais abrangente das relações entre culturas, funcionamento psicológico e modos de pensamento, no interior do qual identifica diferentes tendências teórico-metodológicas.

---

4. Sobre esse debate, consultar Ribeiro, 1992, p. 26-27.

Numa linha estão os estudos que supõem que o desenvolvimento psicológico do ser humano segue um percurso evolutivo universal, o que lhes permite identificar povos situados em um estágio inicial, tido como primitivo, e outros que teriam alcançado um modo de funcionamento psicológico mais avançado. Situam-se nessa linha as pesquisas que supõem a existência de subgrupos populacionais não letrados, cujo funcionamento psicológico estaria preso à experiência concreta, ao lado de subgrupos letrados dotados de recursos mais sofisticados de pensamento. Essa abordagem teórica é criticada por seu caráter determinista e etnocêntrico, com base no qual se constroem visões hierarquizadas que sustentam preconceitos étnico-raciais e socioculturais.

Na linha oposta, encontram-se os estudos que negam a existência de percursos evolutivos universais, vinculando o funcionamento psicológico e o desenvolvimento cognitivo às demandas do contexto histórico e sociocultural, o que destitui de sentido qualquer comparação ou hierarquização de pessoas, grupos ou povos em estágios mais ou menos avançados. Essa abordagem considera que os diferentes modos de funcionamento cognitivo são equivalentes, pois correspondem a respostas inteligentes e adequadas dos indivíduos e grupos sociais a contextos culturais distintos e singulares. Além disso, ao abordar as relações entre cultura e cognição, a psicologia histórico-cultural opera com a hipótese de que não só a escolarização, mas outras práticas sociais, como o trabalho e a participação política, modificam o funcionamento intelectual do adulto.

Os estudos do psicólogo norte-americano Jerome Bruner, por exemplo, contribuem para a compreensão de certas características do pensamento humano que não se restringem às culturas escritas.[5]

5. Gerken (2002) discute o pensamento de Bruner no que se refere, especificamente, às relações entre cultura oral, escrita e cognição. Autor de vasta obra, Bruner tem publicados no Brasil os livros *Atos de significação* (1997) e *Realidade mental, mundos possíveis* (1998).

Por meio do conceito de "modos narrativos", Bruner discute que tanto as narrativas orais quanto as escritas implicam abstração e análise; as diferenças entre esses modos de pensamento não estariam, portanto, na capacidade de contextualização/descontextualização, mas na diversidade de gêneros e de modos de compartilhar significados. Tanto aqueles que vivem em culturas orais quanto aqueles que têm modos de pensamento marcados pela escrita apresentam formas de compreender e construir significados igualmente complexas.

Para Oliveira,

> A consequência dessa segunda tendência de pesquisa para a educação é a de que devemos trabalhar com a realidade do aluno e que todo tipo de conteúdo cultural e modo de pensamento deve ser respeitado e incorporado ao trabalho pedagógico realizado na escola. Os grupos sociais que têm sido tradicionalmente alijados da escola também são produtores de conhecimento e não caberia à escola impor seu próprio modo de funcionamento psicológico: o que cada indivíduo traz consigo é equivalente, em termos de valor, sofisticação e complexidade, ao que a escola tem para oferecer. (Oliveira, 1992, p. 60.)

O oral e o escrito: polos dicotômicos?

Certamente o leitor também já ouviu alguém se referir ao analfabeto como alguém que é incapaz de raciocinar de maneira abstrata ou de se expressar sem redundâncias. Pode, também, já ter visto a referência de que o pensamento daquele que não sabe ler e escrever é repetitivo e pouco analítico.

Muitas dessas ideias, veiculadas em nossas conversas cotidianas ou nos discursos da mídia, têm sido discutidas no meio científico, sobretudo após 1960, quando um novo campo de pesquisas começou a ser constituído: aquele que investiga as relações entre a oralidade, o escrito e o impresso. Esses estudos, que vêm sendo realizados em vários países, ao focalizarem as relações entre culturas orais e letradas, as consequências da introdução da escrita e da imprensa nas sociedades tradicionais, a constituição de modos diferentes de pensamento em culturas diversas, revelam-se um instrumento fundamental na percepção e compreensão de aspectos relacionados ao lugar do analfabeto na sociedade contemporânea.

A hipótese básica desses estudos que investigam os efeitos da escrita, da imprensa e, mais recentemente, das tecnologias eletrônicas nas diversas sociedades é a de que a mensagem sofre transformações em consequência do processo em que foi transmitida/recebida (Havelock, 1988). Nesse sentido, as culturas orais e as culturas letradas se diferenciariam fundamentalmente na medida em que seus modos de transmissão e apropriação da linguagem são distintos. A partir desse pressuposto básico, muitos estudos buscaram encontrar aspectos que pudessem caracterizar as culturas de oralidade primária, distinguindo-as das demais, inclusive nos modos de pensamento que lhes seriam inerentes.

Segundo alguns pesquisadores, as diferentes culturas gerariam modos de pensar específicos de acordo com o papel que nelas ocupassem as expressões oral e escrita. Desse modo, haveria, pelo menos, os modos de pensar oral, quirográfico (ligado ao manuscrito), tipográfico e eletrônico. O pressuposto básico que orienta essas investigações é o de que a linguagem determina o pensamento: as pessoas pensam de acordo com a maneira que possuem para se expressar naquela cultura. Alguns autores chegam a considerar o advento da escrita como um fato divisor entre o pensamento "selvagem" e o pensamento "civilizado", como Goody (1977).

Ong (1998) é um dos autores que busca levantar hipóteses na direção de generalizar aspectos da "psicodinâmica das culturas de oralidade primária", reconhecendo a quase impossibilidade de realizar essa tarefa, na medida em que, nesse caso, não é possível trabalhar com dados empíricos e é difícil, para uma pessoa que vive em uma sociedade letrada, imaginar em que se constitui uma sociedade sem escrita. O autor enumera, então, diversas características que expressariam modos de pensamento tipicamente orais. Entre essas características, o autor desenvolve algumas que auxiliam a explicar as ideias correntes sobre o analfabeto, como considerar que o pensamento oral é concreto (vinculado à vivência imediata), tradicionalista, redundante, fragmentado, pouco analítico e pouco original, tornando difícil, para aquele indivíduo ou aquela sociedade que não domina a escrita, a experimentação intelectual, a abstração, a eliminação do "já-dito", a coesão no pensamento, a tarefa de estabelecer relações (por exemplo, entre causa e consequência). Nessa linha de interpretação, a própria aprendizagem dá-se através da observação e da prática e, minimamente, através da explanação verbal e da recorrência a conceitos abstratos. A aprendizagem nas culturas de oralidade primária não se dá, pois, através do disciplinamento imposto pelo hábito de "estudar", mas predominantemente pela imitação. Nessas culturas, pois, a repetição e o recurso à memória constituem a base dos processos de transmissão do conhecimento. O aprendizado se dá, em grande medida, somaticamente: todo o corpo, através de movimentos rítmicos, é utilizado nos processos de memorização (Egan, 1987). Os cantadores/narradores populares muitas vezes se utilizam de um instrumento simples, como o tambor, para reforçar o ritmo da narrativa, contribuindo para introduzir nos ouvintes o "encantamento" do som, deixando-os em um estado de semi-hipnose, marcado pelo prazer e pelo relaxamento.

O tom predominantemente emocional também caracterizaria o pensamento oral, na avaliação de Ong (1998). A memória oral trabalha, através das narrativas míticas, com personagens fortes, cujas mortes em geral são monumentais, memoráveis e comumente públicas. Em consequência dessa característica, há uma tendência à polarização das narrativas: de um lado, encontram-se o bem, a virtude e os heróis; de outro, o mal, o vício e os vilões. As culturas orais tendem, na mesma direção, a usar conceitos operacionais e padrões de referência que se constituem, minimamente, em abstrações. Essa característica foi bastante explorada em pesquisa realizada por Luria,[6] ainda nos anos 30. Embora as culturas orais produzam organizações de pensamento e experiência "inteligentes", jogos intelectuais, classificações, definições, categorizações, processos formais, descrições e outros elementos constitutivos da lógica formal típicos das sociedades letradas, não funcionam entre as pessoas de oralidade primária.

Por outro lado, em contraposição a esses estudos, aqui rapidamente sintetizados, outros pesquisadores têm afirmado que as relações entre oralidade e escrita são muito mais complexas do que se pode supor. As grandes dicotomias estabelecidas entre oral/escrito têm sido, para eles, incapazes de explicar as intrincadas relações existentes entre as diferentes formas de linguagem, as características e os modos de pensamento presentes em culturas diversas. Afirmações como as que sustentam que somente os letrados possuem capacidade de abstração; que a introdução da escrita e, mais tarde, da imprensa, constituíram marcos divisores na história da humanidade; ou, ainda, que as culturas podem ser divididas em "orais" e "escritas" sem que seja considerada a coexistência do oral e do escrito na mesma época e no mesmo lugar, têm sido problematizadas e investigadas com maior profundidade em vários estudos.

Para Graff (1994), por exemplo, é certo que a penetração da escrita em culturas nativas orais tende a causar profundas transformações sociais, religiosas, ideológicas, políticas, econômicas e culturais. O autor critica, no entanto, as grandes divisões tradicionalmente apontadas entre culturas orais e letradas em pesquisas realizadas nesse campo de estudos. Para o autor, na verdade, é

---

6. O psicólogo russo Alexander Romanovich Luria (1905-1977) desenvolveu, com L. S. Vigotski e A. N. Leontiev, estudos sobre as relações entre pensamento e linguagem. Dentre as obras publicadas em português, destacam-se: Vigotski, Luria e Leontiev (1988), Luria (1987) e Luria (1990).

muito difícil ou quase impossível conceituar "cultura escrita", a não ser que a definição seja considerada historicamente e, desse modo, contextualizada no tempo e no espaço. O autor mostra, por exemplo, que a cultura escrita tem diferentes significados, que variam em função de seus modos de aquisição, papéis e usos, para membros de diferentes continentes, regiões, estados ou mesmo grupos. Nesse sentido, aponta para a necessidade de se realizarem pesquisas mais cuidadosas tomando como sujeitos indivíduos, grupos, seus sistemas socioculturais e os impactos que trazem, naquele contexto específico, os modos de comunicação introduzidos.

Em direção semelhante, Brian Street (1995) estabeleceu, para a análise da cultura escrita, os modelos autônomo e ideológico. No primeiro caso, o letramento, como um bem cultural, seria considerado bom em si mesmo, para todos, em qualquer lugar ou época, e capaz, por si mesmo, de modo independente dos contextos, de transformar os indivíduos e as sociedades; o analfabetismo, por sua vez, constituiria um mal que deveria ser extirpado. O modelo ideológico, por outro lado, não considera a cultura escrita um bem em si mesmo, mas um processo que está estritamente associado às condições/instituições socioculturais em um determinado contexto. Situadas entre a autoridade/o poder e a resistência individual/a criatividade, as práticas de letramento devem ser consideradas, para Street (1995), não somente aspectos da "cultura", mas também das estruturas de poder. Desse modo, o autor não considera a escrita como um divisor de águas entre dois tipos completamente diferentes de culturas: para ele, o oral e o escrito coexistem incessantemente, havendo um trânsito contínuo entre esses dois modos de expressão.

Street (1995) faz críticas severas, nos níveis metodológico, empírico e teórico, a autores como Ong (1998), que colocam a escrita como o marco que dividiria as sociedades em dois estágios: de um lado, a mentalidade "pré-lógica", o mito e a incapacidade de abstração; de outro, a "lógica", a história, o desenvolvimento da ciência, da objetividade e do pensamento crítico. Para Street (1995), as análises de Ong (1998) não consideram as condições sócio-históricas concretas das diferentes culturas. Do mesmo modo, o autor critica as abordagens, como muitas que são realizadas na perspectiva linguística, que consideram como contexto da prática de letramento apenas a situação específica em que ela ocorre, desconsiderando questões de caráter mais geral, como aspectos históricos, sociais, políticos, econômicos etc. O autor, de forma semelhante a Graff (1994), não considera a escrita, em si mesma, responsável por transformações nas culturas. Para ele, a própria linguagem oral é capaz de gerar comportamentos tradicionalmente associados à escrita, como a fixação, a separação e a abstração. Além disso, as pinturas, os rituais e as narrativas, típicos das culturas de oralidade primária, são capazes de transformar a evanescência do som em algo quase permanente, distanciando as pessoas do imediato e desenvolvendo o pensamento abstrato. A perspectiva de Ong (1998), para Street (1995), traz grandes marcas do evolucionismo, na medida em que investiga as sociedades contemporâneas que ainda se conservam "primitivas" com o objetivo de nelas encontrar o que teria sido o passado da sociedade ocidental. Desse modo, em muitos trabalhos sobre oralidade e letramento, a "evolução" é considerada linearmente, como se todos os povos caminhassem, alguns de modo mais lento, outros de forma mais rápida, por um mesmo percurso, em direção a um único fim. Fundamentando essa concepção, encontra-se uma visão evolucionista e teleológica da história, segundo a qual eliminam-se as descontinuidades e as contradições na elaboração de uma história linear, homogênea e coerente (Foucault, 1986). Trabalhos antropológicos realizados na atualidade têm mostrado a riqueza e a diversidade de culturas não avançadas tecnologicamente, evidenciando as multivariadas direções que a "evolução" pode tomar.

Na tentativa de superar esse tipo de abordagem, os estudos contemporâneos, mais do que descrever de maneira mais ou menos dicotomizada as diferenças entre a cultura escrita e a oral, procuram apreender as condições sociais, históricas e técnicas em torno das quais, para diferentes casos históricos, construiu-se uma determinada cultura escrita e um conjunto determinado de impactos políticos, sociais, culturais. Passou-se, portanto, a buscar compreender não *a* cultura escrita em sua oposição à cultura oral, mas *culturas escritas*.[7] No caso brasileiro, assim como no de outros países de escolarização e de difusão da imprensa tardias, ganha relevância a investigação sobre o papel desempenhado por práticas ancoradas na oralidade, no uso do manuscrito e na memorização.

Alguns estudos têm mostrado, por exemplo, que a aquisição do sistema alfabético é facilitada e ocorre de uma maneira menos tensa, quando há, antes que esse aprendizado ocorra de maneira sistemática, uma aproximação, por meio da oralidade, das estruturas típicas da escrita. Esses estudos mostram que escutar a leitura de textos escritos antes de começar a lê-los[8] facilita a entrada nas lógicas da cultura do escrito. Quando uma pessoa escuta uma oralização da escrita, habitua-se às estruturas desse sistema (que, embora não se oponha, é distinto do oral) e, quando começa a "decodificar", compreende o que lê com mais facilidade. Quando começa a escrever, por sua vez, se apossa com mais facilidade das regras que estruturam a escrita, como a coesão, a coerência e a eliminação das redundâncias.

Da mesma maneira, o exercício da argumentação, na oralidade, também auxilia no processo de aproximação das pessoas que não sabem ler nem escrever ao mundo do escrito. Não por acaso, o método Paulo Freire de alfabetização[9] se iniciava com uma discussão oral da situação em que viviam os adultos, afirmando que

---

7. Ver, para um resumo desses estudos, Chartier, 2002.

8. Para um detalhamento dessas práticas com crianças, ver, por exemplo, Heath (1987) e Rego (1990).

9. Sobre o tema, consultar: Brandão (2006).

"a leitura do mundo precede a leitura da palavra". Não se trata, no entanto, de uma oralidade "qualquer" — uma conversação —, mas uma oralidade que se aproxima das lógicas tradicionalmente atribuídas ao escrito — da abstração, da argumentação. Nesse sentido, estudos têm mostrado, por exemplo, que a participação em movimentos sociais, em que o exercício da argumentação oral torna-se essencial, é um fator importante nos processos de letramento de indivíduos pouco habituados às lógicas do escrito (Pereira, 1997; Ratto, 1995).

Na mesma direção, pesquisas têm apontado[10] que, quando a entrada na escrita é mediada por situações em que há um contínuo e uma aproximação entre oralidade e escrita e escrita e oralidade, a tensão comumente observada entre aqueles que estão em processo de entrada nas culturas do escrito torna-se menor. Na leitura coletiva de cordéis — que é um texto escrito com profundas marcas da oralidade[11] —, oral e escrito se aproximam, facilitando a inserção na escrita daqueles que não sabem ler nem escrever. Do mesmo modo, a memorização de trechos da Bíblia por analfabetos, a partir da escuta da leitura em práticas religiosas coletivas, torna a sua aproximação ao escrito mais natural e menos conflituosa.

A cultura popular e a cultura letrada

Como vimos ao longo deste livro, aquele que não sabe ler nem escrever tem sido identificado, na sociedade contemporânea, ao "popular". Povo e analfabetismo caminham lado a lado nas representações veiculadas cotidianamente em diversos espaços. Mas, que significados emergem em nossas representações quando

10. Ver, por exemplo, Galvão (2003) e Silva (2006).

11. Semelhante às histórias em quadrinhos, às fotonovelas e a outros gêneros de pouco prestígio.

pronunciamos ou ouvimos a palavra "popular"?[12] Folclore, alma do povo, primitivismo, artesanato, por um lado; movimentos sociais, luta, perigo, por outro. Provavelmente essas expressões estão entre os principais sentidos atribuídos ao termo. Talvez por isso, muitas vezes associemos o analfabetismo à ingenuidade, ao atraso, à pureza; ou à falta de controle sobre si, à desordem social, à marginalidade.

A produção desses tipos de significados não ocorre por acaso. Inicialmente, tanto no Brasil como em outras partes do mundo, a cultura popular foi objeto de interesse de folcloristas, estudiosos da literatura e sociólogos. Somente mais recentemente, principalmente a partir dos anos 60 do século XX, tornou-se tema de estudos também de antropólogos sociais, historiadores e outros pesquisadores (Burke, 1989).

Muitos trabalhos sobre as manifestações culturais populares realizados em outros países contribuíram para a disseminação da ideia de que o folclore era o que havia de mais puro e mais genuíno na cultura das classes populares. O estudo do "povo" e sua cultura significavam a "busca do paraíso perdido" — era a "beleza do morto" —, na expressão de Certeau et al. (1995). Na avaliação de Ginzburg (1991), esse tipo de estudo contribuiu para a disseminação de uma imagem estereotipada e adocicada de cultura popular. A naturalização do popular e sua "contaminação" pelos males do urbano é retomada por alguns autores, mesmo em caso de ideologias ou opções políticas contrárias às que orientaram a constituição do campo de estudos no século XIX, como no caso dos estudos de inspiração marxista ou "populista". No caso brasileiro, os folcloristas tradicionais tenderam a considerar o folclore como o que seria mais primitivo em uma suposta "cultura brasileira". As próprias características tradicionalmente atribuídas aos fatos folclóricos — o anonimato, a aceitação coletiva, a transmissão oral, a tradiciona-

12. Para uma discussão sobre as diversas acepções do popular, ver Bourdieu (1996).

lidade, a espontaneidade e a regionalidade — contribuem para a naturalização dessa ideia.

No final dos anos 1950 e início dos anos 60, os movimentos de educação e cultura popular ocorridos no Brasil, já citados neste livro, contribuíram para complexificar essa ideia. O pensamento de Paulo Freire, sobretudo, buscou desassociar a cultura popular do folclore. Ao caracterizar o adulto analfabeto como "oprimido" e produtor de cultura — uma cultura viva e não cristalizada —, Freire tornou o saber popular o núcleo de sua pedagogia e o ponto de partida para o conhecimento de outros saberes — como aqueles característicos da cultura letrada.

Dessa maneira, buscou superar uma outra ideia recorrente em nossas representações acerca do "povo" e do analfabeto: a de que ele seria mero consumidor de produtos culturais — como uma criança, "tábula rasa" — e não um leitor/ouvinte/espectador ativo. Haveria uma coincidência entre o que se lê/ouve/assiste e o que se pensa. É preciso, nessa concepção, preservar o analfabeto ou semialfabetizado das possíveis influências nocivas do texto; é preciso escolher materiais "edificantes" e com "mensagens" positivas para que ele possa ler/ouvir. Na mesma direção, é comum ouvirmos a associação entre impressos "populares", como jornais vendidos a baixo custo em que transbordam notícias policiais, escândalos de celebridades e futebol, e uma suposta mentalidade ou representação de mundo daquele que lê.

Nos dois casos, busca-se associar diretamente o *corpus* de textos lidos/ouvidos por um grupo social específico com as mentalidades ou as visões de mundo daquele grupo, em uma determinada época. Para Roger Chartier e Daniel Roche (1988), querer apreender as mentalidades de um grupo social através de suas leituras é uma tarefa praticamente impossível. Nesse sentido, Chartier (s.d.) desenvolve a noção de apropriação, central em suas pesquisas. Para ele, as pesquisas devem se centrar nos empregos diferenciados, nos usos contrastantes dos mesmos bens, dos mesmos textos, das mesmas ideias. Não se pode inferir sobre as representações, crenças e valores de um determinado grupo somente a partir do que ele lê, declara ler ou possui em sua biblioteca particular. A distribuição de um produto cultural não revela tudo; pelo contrário, sua apropriação, sua utilização e seu consumo são tão importantes quanto sua circulação, em vários casos, aliás, muito mais fluida do que se pensa. As relações entre objetos de leitura e grupos sociais são muito mais complexas. O leitor/ouvinte é ativo, apropriando-se do escrito de maneiras diferenciadas. A partir dessa noção, certas dicotomias tradicionalmente colocadas, tal como a oposição entre criação/produção e consumo, passividade e invenção, dependência e liberdade, alienação e consciência, desaparecem. É necessário considerar que

> Ler, olhar ou escutar são, efectivamente, uma série de atitudes intelectuais que — longe de submeterem o consumidor à toda-poderosa mensagem ideológica e/ou estética que supostamente o deve modelar — permitem na verdade a reapropriação, o desvio, a desconfiança ou resistência. Esta constatação deve levar a repensar totalmente a relação entre um público designado como popular e os produtos historicamente diversos (livros e imagens, sermões e discursos, canções, fotonovelas ou emissões de televisão) proposto para o seu consumo. (Chartier, s.d., p. 60.)

Alguns autores, no entanto, também contribuíram para disseminar a ideia de que haveria um modo popular de ler ou de se relacionar com a cultura. Bourdieu (1983), por exemplo, associa o *habitus* ao gosto por determinados objetos culturais, reforçando a clivagem que haveria entre o que é legítimo — identificado às manifestações da cultura letrada — e o que é ilegítimo — relacionado aos gostos e costumes populares — no mercado contemporâneo de bens simbólicos. No caso da leitura, especificamente, os estudos desse autor contribuíram para que a leitura popular fosse identificada à ética e ao utilitarismo e a leitura letrada à estética e ao desinteresse. Desse modo, nessa concepção, pessoas que não têm muita intimidade com a cultura escrita tendem a gostar de ler ou ouvir histórias/notícias que sejam úteis à sua própria vida e, mesmo quando têm contato com romances, tendem a se identificar com os personagens e com o enredo, misturando-se a eles. Ao mesmo tempo, essas pessoas seriam pouco capazes de usufruir a dimensão propriamente estética das obras: a elas, não interessa se a linguagem utilizada é bela ou se o autor tem "estilo"; interessa a narrativa e como os personagens se movimentam na trama (se são bons ou maus, se são semelhantes a indivíduos que povoam a sua vida real).

No entanto, outros autores têm mostrado que essas relações são muito mais complexas do que parecem ser à primeira vista. Lahire (2002), por exemplo, mostrou que os leitores "diplomados" comportam-se, muitas vezes, como supostamente ocorre com leitores populares, identificando-se com os personagens, "brigando" ou apaixonando-se por eles. No caso brasileiro, Galvão (2001) identificou, entre leitores e ouvintes analfabetos e semialfabetizados de literatura de cordel, modos de ler/ouvir em que a dimensão estética se sobressai: interessa, em muitos casos, a beleza da rima ou a cadência das palavras escolhidas pelo poeta e não a história propriamente dita.

Além de ser simplista, a associação tradicionalmente realizada entre cultura popular e visões de mundo das camadas populares, na medida em que não considera o caráter de atividade que caracteriza a leitura, ignora que há um movimento permanente entre as diferentes formas de cultura. Bakhtin (1993) identifica, por exemplo, em seu estudo sobre Rabelais, um influxo recíproco — uma circularidade — entre "cultura subalterna" e "cultura hegemônica". De maneira semelhante, Ginzburg (1991), em *O queijo e os vermes*, também identifica um movimento circular entre esses diferentes polos na Europa pré-industrial. Darnton (1986) afirma que, no caso da sociedade medieval, boa parte da literatura bebeu da tradição oral popular e não o contrário, como tradicionalmente se tem afirmado. Além disso, em seu estudo, verificou que os contos populares originados da tradição oral foram adaptados para a corte, na época de Luís XIV, principalmente através de Perrault. Posteriormente, as adaptações feitas por este autor tornaram a entrar no fluxo popular através da "bibliothèque bleue":[13] "as correntes culturais se mesclaram, movimentando-se para o alto e também para baixo, passando através de veículos e grupos de ligações diferentes, tão afastados entre si quanto estavam os camponeses dos salões sofisticados" (Darnton, 1986, p. 91).

Realizar o cruzamento entre a cultura popular e a cultura erudita não significa, assim, sobrepor esses dois conjuntos como se eles pudessem ser estabelecidos *a priori*. Significa, ao contrário, considerá-los como "ligas" culturais ou intelectuais, cujos elementos se encontram solidamente incorporados uns nos outros. O que se tem constatado, na verdade, é que não é possível identificar uma especificidade absoluta no que se vem denominando cultura popular a partir da análise dos textos, crenças e códigos que lhe seriam próprios. Esses registros são, na maioria das vezes, mistos. Nesse sentido, o conceito de cultura popular, que norteou por muito tempo diversos estudos, deve ser questionado, na medida em que tende a ignorar "...empréstimos e intercâmbios, por mascarar a multiplicidade das diferenças, por determinar *a priori* a validade de uma delimitação que está precisamente por estabelecer..." (Chartier, s.d., p. 135).

No caso brasileiro, esse movimento entre as diversas tradições culturais é ainda mais forte. Ideias e gestos, originários de lugares distintos, mesclam-se nas histórias e ações de cada indivíduo.

---

13. A "bibliotèque bleue" (biblioteca azul) era uma coleção de livretos impressos, de capa azul, vendidos a preços baixos, por ambulantes, que sofriam diversas intervenções editoriais para se adequar a um público popular, na França do século XVII.

* * *

Como vimos no decorrer deste capítulo, o conhecimento produzido por muitos estudos e pesquisas que vêm sendo realizados nas últimas décadas, em várias áreas, como a história, a antropologia, a psicologia e a educação, pode auxiliar na superação do preconceito contra o analfabeto e servir de base para a formulação de práticas educativas que tornem mais efetivos os processos de inserção desses sujeitos na cultura escrita. Ao mesmo tempo, a "ciência" também pode contribuir para legitimar certas ideias correntes no senso comum que reforçam o preconceito. Retomaremos algumas dessas questões na conclusão do livro.

Considerações finais

> O estereótipo é em geral triste, pois é constituído por uma necrose da linguagem, uma prótese que vem colmatar um buraco de escrita (...) Por fim, isto: o estereótipo é no fundo um oportunismo: conformamo-nos à linguagem reinante, ou antes àquilo que, na linguagem, parece reger (uma situação, um direito, um combate, uma instituição, um movimento, uma ciência, uma teoria etc.); falar por estereótipos é situarmo-nos do lado da força da linguagem; esse oportunismo deve ser (hoje) recusado. (Barthes, 1987, p. 270.)

Não são raras as ocasiões em que nos deparamos com expressões, frases, palavras e atitudes que denotam e reforçam preconceitos contra a mulher, o negro, o índio, o nordestino, o árabe, o idoso, o pobre, o espírita, o praticante do candomblé, o matuto/caipira, o analfabeto. Muitas vezes nos colocamos, para usar a expressão de Barthes, ao lado do oportunismo, conformando-nos à linguagem dominante, ao discurso hegemônico. A chance de adotar posturas dessa ordem é ainda maior quando o preconceito se refere a uma condição social que não se deseja afirmar, como é o caso do analfabetismo nos contextos culturais permeados pela escrita. Será possível, nesse território pleno de ambiguidades, nos colocarmos ao lado dos que contribuem para romper estereótipos e estigmas, por meio da produção de contradiscursos?

Acreditamos, ao escrever este livro, que um primeiro passo para que isso possa ocorrer é buscarmos uma compreensão mais aprofundada do processo de construção do preconceito: por que ele existe? Por que o analfabeto é objeto de preconceito? Que momentos históricos foram decisivos para que isso ocorresse? Esse tipo de preconceito é universal ou é próprio de determinados contextos socioculturais? Onde estão e como vivem esses sujeitos que sofrem cotidianamente com o estigma? Como contribuir para a veiculação de discursos que vejam o analfabeto como produtor de cultura e detentor de modos de pensamento complexos, e não como alguém a quem falta algo? Como, ao mesmo tempo, contribuir para a formulação de políticas educacionais e práticas pedagógicas que permitam a esses sujeitos, caso desejem, deixar a condição de analfabetos e se inserir de um modo novo no mundo do escrito?

O preconceito, disseminado diariamente na mídia e manifesto nas mais diversas situações de interação, é introjetado por aquele que não sabe ler nem escrever: vê-se como cego, sente-se um ignorante, aquele a quem falta algo para corresponder às expectativas sociais. Por outro lado, nos seus discursos, percebe-se, também, em uma aparente contradição, expressões de resistência à desvalorização sociocultural e a força das táticas utilizadas cotidianamente para driblar as dificuldades advindas de sua inserção em uma sociedade grafocêntrica — na medida em que esses indivíduos são, em geral, oriundos de comunidades em que a circulação do escrito e do impresso era restrita. É exatamente na zona rural, no Nordeste, entre os mais pobres, entre os afrodescendentes e entre os mais idosos que se encontram as maiores taxas de analfabetismo.

Embora na sociedade da informação e do conhecimento possa parecer natural a existência de preconceito contra aqueles que não sabem ler nem escrever, esperamos ter mostrado, no decorrer deste livro, que nem sempre foi assim. No Brasil, por exemplo, até meados do século XIX, quando a sociedade não se organizava ainda em torno do escrito, o analfabeto, quando proveniente das elites socioeconômicas, era dotado de todos os direitos, inclusive políticos. Aquele que não sabia ler nem escrever não era considerado "menor". Naquele contexto, em que o domínio da leitura e da escrita não fazia falta na grande parte das atividades cotidianas, talvez fosse mais fácil compreender o que estudos recentes têm revelado: o modo de pensamento oral é complexo e determinadas habilidades são neles mais desenvolvidas. O analfabeto tem, assim, modos de pensamento diferentes, e não mais "primitivos", daqueles que estão imersos na cultura escrita. A história nos ajuda, assim, a mostrar que o letramento não é um bem universal, intrinsecamente positivo, na medida em que está sempre referido a contextos específicos, que atribuem a ele um maior ou menor valor.

Mas, embora não tenha um valor em si mesmo, o domínio da leitura e da escrita constitui, na sociedade brasileira contemporânea, principalmente nos núcleos urbanos, um instrumento de cidadania e, por esse motivo, a alfabetização tem sido pauta de políticas públicas, dos movimentos sociais e de projetos educacionais. Nesse sentido, como elaborar práticas educativas que contribuam para aproximar, sem reforçar estigmas, o analfabeto e o mundo do escrito?

Acreditamos que os estudos que sintetizamos no último capítulo podem auxiliar nessa tarefa. É somente no trabalho cotidiano do educador, entretanto, que essas práticas podem ser, efetivamente, criadas, reelaboradas, criticadas, repensadas. Sabemos, por exemplo, que práticas educativas que têm como um de seus modos de organização a leitura em voz alta de textos escritos contribuem para uma aproximação menos tensa dos indivíduos não alfabetizados nas lógicas da escrita. Sabemos, na mesma direção, que indivíduos não alfabetizados que têm uma atuação em instâncias que exigem uma organização mais elaborada da oralidade, como artistas populares, lideranças políticas ou religiosas, se inserem com mais facilidade na cultura escrita. O exercício da argumentação oral parece, assim, também importante nas práticas de alfabetização.

Assim, situações em que o oral e o escrito estão presentes sem hierarquizações contribuem para uma aproximação entre as duas formas de expressão, o que deve ser levado em consideração na elaboração de estratégias e metodologias de alfabetização. Culturas orais e culturas escritas não podem ser vistas, desse modo, como polos dicotômicos, embora tenham modos de organização distintos.

A entrada progressiva na escrita é um processo complexo e, por isso, pesquisas têm sido realizadas e materiais didáticos vêm sendo elaborados no sentido de apoiar o educador para que o alfabetizando possa, aos poucos, não apenas compreender o sistema de notação alfabético, mas fazer uso da leitura e da escrita em práticas cotidianas. Por isso, é necessário que o alfabetizador busque uma formação específica para atuar junto a esse público, que tem especificidades que o distinguem substancialmente das crianças. Por isso, adaptar materiais utilizados no ensino fundamental regular é insuficiente e, às vezes, constitui até mesmo uma violência simbólica para os adultos.

Nesse sentido, essas indicações que aqui apontamos, de maneira bastante genérica, de nada servem se o educador (e não apenas aquele educador que trabalha com educação de jovens e de adultos) não buscar superar a visão estigmatizante que pode ter dos alfabetizandos. Práticas educativas realizadas junto àqueles que não sabem ler nem escrever têm que considerar, de maneira contundente, que o jovem ou adulto analfabeto não é incapaz, não é "puro" ou ingênuo, nem é uma criança crescida. O analfabeto é produtor cotidiano de riqueza material e cultura e não ignorante de saber. Nesse sentido, é preciso conhecer mais profundamente o que sabem, o que pensam e como aprendem os jovens e adultos em processo de alfabetização. Nas sociedades urbanas, mesmo o indivíduo que não sabe ler tem um nível de inserção na cultura escrita — e elabora hipóteses a respeito desse sistema — que deve ser considerado. Também por isso o educador não deve se considerar alguém com a missão de tirá-lo das "trevas" ou da "escravidão". O analfabetismo não é uma doença, não é uma chaga, não pode ser responsabilizado pelo atraso ou pelo desenvolvimento de uma sociedade. Não se deve, desse modo, como fazem muitos programas e educadores, realizar falsas promessas aos educandos, atribuindo à alfabetização — pura e simplesmente — a "luz no fim do túnel", a melhoria automática de suas condições de vida.

Entretanto, é preciso reafirmar que a crítica à concepção que atribui à alfabetização poderes de transformação pessoal e social — que de fato não possui — não deve ser interpretada como tolerância perante políticas educacionais omissas que violam os direitos que jovens e adultos têm de fruir plenamente os bens culturais de nossa sociedade, dentre os quais a alfabetização, uma das muitas portas que abrem horizontes de aprendizagem ao longo da vida. Por isso a importância de se reafirmar, aqui, que a alfabetização e a educação ao longo da vida constituem um direito e não uma ação de filantropia, realizada por alguns educadores de "boa vontade". Ao lado de práticas educativas que atendam a esse público sem estigmatizá-lo, é preciso, também, realizar um esforço coletivo para a formulação de políticas públicas que ultrapassem o espírito das campanhas, estendam a oferta de ensino a essa população para as etapas posteriores à alfabetização, tornando-se, assim, permanentes e, de fato, integrantes do sistema educacional do país.

Bibliografia comentada

Para elaborar esta seção, selecionamos aqueles estudos que nos pareceram mais relevantes para um aprofundamento de questões que guiaram a escrita do livro. Priorizamos livros e artigos em língua portuguesa, publicados no Brasil e que, em alguns casos, estivessem disponíveis na internet, para que pudessem ser consultados por um número maior de pessoas. Evidentemente, muitos trabalhos, por razões de espaço, não foram incluídos na seleção. Remetemos, então, o leitor para a seção de referências ao final do livro; nela, podem ser encontrados outros títulos bastante significativos para a discussão do assunto. Além de estudos acadêmicos, acrescentamos também, aqui, romances e filmes em que a temática do analfabeto, do analfabetismo e do letramento é evidenciada.

Livros

FREIRE, Paulo. *Pedagogia do oprimido*. 41. ed. Rio de Janeiro: Paz e Terra, 2002.

Esse livro foi escrito em 1968, durante o exílio de Paulo Freire no Chile, e publicado pela primeira vez em 1970, com grande impacto em vários países do mundo. Nele, estão sistematizadas as principais ideias do educador brasileiro. Para Freire, a educação é sempre um ato político, que pode estar a serviço da libertação ou da dominação. A educação libertadora é também problematizadora e deve ter por princípio o diálogo; por meio dele, os indivíduos se humanizam. Nesse processo, educandos e educadores ensinam e aprendem simultaneamente. Em oposição a essa concepção dialógica da educação, encontra-se a concepção bancária. Nela, os aprendizes são vistos como meros depósitos do saber do educador, que seria o detentor do verdadeiro conhecimento. Na obra, estão expostas, portanto, as bases do "método Paulo Freire". Como explicitamos ao longo deste livro, as ideias do autor têm um papel essencial na construção de um discurso que vê o analfabeto não como aquele a quem "falta" algo, mas como um indivíduo produtor de cultura e de saberes. Para saber mais sobre Freire e sua obra, consultar, entre outros, www.paulofreire.org e www.paulofreire.org.br.

GALVÃO, Ana Maria de Oliveira. *Cordel*: leitores e ouvintes. Belo Horizonte: Autêntica, 2001.
O livro é uma síntese da tese de doutorado da autora, que teve como objetivo caracterizar os leitores/ouvintes e os modos de ler/ouvir folhetos de cordel em Pernambuco entre os anos 1930 e 1950. O livro nos ajuda a compreender, principalmente em seus últimos capítulos, como indivíduos de meios populares, analfabetos ou com baixos graus de escolarização vivenciavam práticas de letramento. Ajuda-nos, assim, a complexificar as relações entre oralidade e escrita e entre popular e letrado. O texto integral da tese pode ser encontrado em www.unicamp.br/iel/memoria/ e outras publicações decorrentes da pesquisa podem ser encontradas on-line, como os artigos "Processos de inserção de analfabetos e semialfabetizados no mundo da cultura escrita", publicado em 2001 (n. 16 da *Revista Brasileira de Educação*, disponível em www.anped.org.br), e "Oralidade, memória e a mediação do outro: práticas de letramento entre sujeitos com baixos níveis de escolarização — o caso do cordel", publicado em 2002 (v. 81, n. 23, da revista *Educação e Sociedade*, disponível em www.scielo.br).

GRAFF, Harvey J. *Os labirintos da alfabetização*: reflexões sobre o passado e o presente da alfabetização. Porto Alegre: Artes Médicas, 1994.
Composto por uma coletânea de ensaios, o livro sintetiza as principais conclusões dos estudos do pesquisador norte-americano Harvey Graff.

Apresenta uma série de casos, ocorridos em diferentes momentos históricos (como no século XIV, na Renascença, nos séculos XIX e XX) em que o autor busca complexificar as relações, nem sempre diretas e mecânicas, entre, por exemplo, alfabetismo e industrialização, alfabetismo e habilidades cognitivas e analfabetismo, criminalidade, vício e pobreza. Traz, ainda, ensaios em que o autor discute o estado atual das pesquisas em história da alfabetização e do analfabetismo. É, portanto, uma leitura fundamental para superar visões simplistas sobre o tema. Um artigo-síntese do autor foi publicado na revista *Teoria e Educação* (Porto Alegre, n. 2, p. 30-64, 1990), sob o título de *O mito do alfabetismo*, que, embora não esteja disponível na internet, pode ser encontrada em algumas bibliotecas universitárias.

KLEIMAN, Angela B. (Org.). *Os significados do letramento*: uma nova perspectiva sobre a prática social da escrita. Campinas: Mercado de Letras, 1995.

O livro é composto por uma coletânea de artigos, resultantes de investigações realizadas no Brasil, em que diversos autores analisam, a partir do conceito de letramento e utilizando perspectivas metodológicas variadas, práticas sociais da leitura e da escrita em diversas instâncias, como na escola, na mídia, na ação política. Em alguns casos, a análise se centra nos usos da leitura e da escrita por sujeitos específicos, como crianças dos meios iletrados, mulheres e adultos analfabetos. Traz, também, artigos que discutem as relações entre oralidade e escrita e os modos de participação do não escolarizado na sociedade letrada. Na Introdução, a organizadora do livro discute o conceito de letramento a partir de diversos estudos clássicos. Trata-se, portanto, de uma leitura importante para a realização de uma discussão sobre os usos sociais da leitura e da escrita tanto na escola como em outros espaços nas sociedades grafocêntricas.

ONG, Walter. *Oralidade e cultura escrita*. Campinas: Papirus, 1998.

O livro sintetiza as principais ideias do autor que contribuíram para cristalizar a “grande dicotomia” entre oralidade e escrita. Ong apresenta as diversas características que constituiriam, de um lado, as culturas orais e, de outro, as culturas baseadas no escrito. O autor argumenta que, embora o pensamento oral tenha uma forma de organização específica e complexa, é pouco compreendido pelos pesquisadores, que, mergulhados na cultura escrita, apresentam dificuldades para estudar modos de pensamento diferentes dos seus. Por isso, seu esforço em situar, de uma maneira diacrônica, as grandes diferenças entre as duas lógicas de pensamento. Situa-se, assim, do lado oposto ao que mostram os estudos de Graff que, como vimos, buscam complexificar essas relações. É uma leitura importante para compreender como argumentos utilizados pelo senso comum que reforçam o preconceito contra o analfabeto encontram respaldo em um trabalho científico.

PAIVA, Vanilda Pereira. *História da educação popular no Brasil*: educação popular e educação de adultos. São Paulo: Loyola, 2002.

Essa história da educação popular no Brasil desde o período colonial até os primeiros anos da ditadura militar examina em detalhe as políticas e as práticas de educação de adultos no transcorrer do século XX, colocando especial ênfase nas campanhas de alfabetização em massa dos anos 50 e nos movimentos de educação e cultura popular do início da década de 1960. Concluída em 1972, a obra também analisa o início das atividades do Movimento Brasileiro de Alfabetização. Baseado em muitos documentos, o estudo explica o desenvolvimento das políticas de educação de adultos em sua relação com as transformações da sociedade, da economia e dos regimes políticos, situando em cada contexto histórico as correntes de pensamento pedagógico emergentes. Trata-se de referência obrigatória no estudo da educação de jovens e adultos analfabetos no Brasil.

RIBEIRO, Vera Masagão. *Alfabetismo e atitudes*: pesquisa com jovens e adultos. Campinas: Papirus; São Paulo: Ação Educativa, 1999.

O livro, resultado da tese de doutorado da autora que, por sua vez, originou-se de uma pesquisa realizada em vários países da América Latina, analisa os usos da leitura e da escrita por adultos de São Paulo. Apresenta, no primeiro capítulo, uma revisão crítica acerca dos estudos sobre oralidade e escrita (sintetizado também em artigo publicado no n. 9 da *Revista Brasileira de Educação*, disponível em http://www.anped.org.br/rbe/rbedigital/RBDE09) que, assim como os resultados da pesquisa (que utilizou métodos quantitativos e qualitativos), contribuem para complexificar as grandes dicotomias, colocadas pelos trabalhos tradicionais, entre essas duas dimensões da linguagem. A partir dos instrumentos utilizados na pesquisa, foi estabelecida uma classificação dos diferentes níveis de alfabetismo da população estudada que, posteriormente, serviu de base para outras pesquisas, como as que deram origem ao Indicador Nacional de Alfabetismo Funcional. Nesse sentido, é importante consultar a obra, também organizada pela autora *Letramento no Brasil*: reflexões a partir do INAF 2001 (São Paulo: Global/Ação Educativa/Instituto Paulo Montenegro, 2003).

SOARES, Magda. *Letramento*: um tema em três gêneros. Belo Horizonte: Autêntica, 1996.

Neste livro, a autora, em três capítulos escritos, inicialmente, para públicos distintos, discute o conceito de letramento, relacionando-o, entre outros, ao de alfabetização. Retoma, para isso, a origem do termo em língua inglesa (*literacy*) e sua penetração no Brasil, a partir dos anos 80. Constitui uma leitura essencial para a discussão sobre o analfabeto e o analfabetismo, principalmente pelo potencial que o termo *letramento*, tal como discutido pela autora, apresenta para superar o preconceito, na medida em que permite analisar os processos de inserção das pessoas na cultura escrita não pelo domínio estrito do sistema de notação alfabético, mas pelas práticas sociais de uso da leitura e da escrita. Além disso, o termo permite relativizar a ideia corrente de que a leitura e a escrita são habilidades universalmente positivas. A autora publicou também o livro *Alfabetização e letramento* (São Paulo: Contexto, 2003), em que retoma, a partir de artigos já publicados, a discussão desses conceitos. Magda Soares é também autora de dezenas de artigos em revistas que podem ser igualmente consultados (ver bibliografia).

Artigos ou capítulos de livros

GALVÃO, Ana Maria de Oliveira; SOARES, Leôncio. História da alfabetização de adultos no Brasil. In: ALBUQUERQUE, Eliana; LEAL, Telma (Org.). *A alfabetização de jovens e adultos em uma perspectiva de letramento*. Belo Horizonte: Autêntica, 2004.

Neste trabalho, os autores (re)constroem vários momentos da história da alfabetização de adultos no Brasil, desde o período colonial. Para isso, enfocam tanto experiências oficiais quanto vivências não formais de alfabetização. Ao final do texto, a partir da retomada do que ocorreu em alguns desses momentos, realizam reflexões acerca desse lugar que o analfabeto ocupa no imaginário da sociedade brasileira. Discutem, também, as possíveis razões que explicam o "sucesso" ou "fracasso" de algumas dessas experiências. Uma versão resumida desse trabalho pode ser encontrada no volume 3 — século XX — da coletânea organizada por Maria Helena Câmara Bastos e Maria Stephanou, *Histórias e memórias da educação no Brasil* (Editora Vozes, 2005).

HADDAD, Sérgio; DI PIERRO, Maria Clara. Escolarização de jovens e adultos. *Revista Brasileira de Educação,* São Paulo, n. 14, p. 108-130, maio/ago. 2000.

Neste artigo (disponível em http://www.anped.org.br/rbe/rbedigital/RBDE14), os autores, por meio da análise das principais políticas públicas dirigidas para a educação de jovens e adultos no Brasil desde o período colonial, elaboram uma história da educação voltada para esse público no país. Destacam, nessa trajetória, os movimentos ocorridos no século XX, como as Campanhas de Alfabetização dos anos 40 e 50, os movimentos de cultura e educação popular do início dos anos 60, o Movimento Brasileiro de Alfabetização (Mobral), o Ensino Supletivo e políticas públicas mais recentes, elaboradas a partir dos anos 90. Sua leitura auxilia, pois, a situar o que vem sendo realizado, historicamente, para a educação de jovens e adultos e a discutir, criticamente, os limites e possibilidades dessas políticas.

OLIVEIRA, Marta Kohl de. Jovens e adultos como sujeitos de conhecimento e de aprendizagem. *Revista Brasileira de Educação,* São Paulo, p. 59-73, n. 12, set./dez. 1999.

Neste trabalho (disponível em http://www.anped.org.br/rbe/rbedigital/RBDE12), a autora discute, a partir de estudos clássicos e de pesquisas por ela realizadas, os principais debates sobre as complexas e ainda imprecisas relações entre letramento e desenvolvimento cognitivo. A autora corrobora a posição de correntes teóricas que negam a existência de percursos evolutivos universais e vinculam o desenvolvimento cognitivo às demandas de contextos históricos e culturais específicos. Essas ideias também foram desenvolvidas pela autora, entre outros, em capítulo publicado no livro organizado por Angela Kleiman, aqui também comentado, e no periódico *Travessia — Revista do Migrante* (v. 12, p. 17-20, 1992), sob o título "Analfabetos na sociedade letrada: diferenças culturais e modos de pensamento".

RODRIGUES, José Honório. O voto do analfabeto e a tradição política brasileira. In: RODRIGUES, José Honório. *Conciliação e reforma no Brasil*: um desafio histórico-cultural. Rio de Janeiro: Civilização Brasileira, 1965. p. 135-163.

Neste capítulo do livro, que é composto por diversos estudos, o historiador José Honório Rodrigues apresenta o debate ocorrido, no parlamento brasileiro, nos anos 70 e 80 do século XIX, sobre o voto do analfabeto. Apresenta falas, baseadas em diferentes argumentos, de diversos deputados que se posicionavam a favor ou contra a restrição do direito de voto do analfabeto, instituída pela Lei Saraiva (1881). Constitui uma leitura importante para a melhor compreensão do momento histórico em que o preconceito contra os que não sabem ler nem escrever toma a forma de lei; como mostra o autor, a representação do analfabeto como incapaz não existia de forma direta e mecânica antes desse momento.

Romances

SCHLINK, Bernard. *O leitor.* Rio de Janeiro: Nova Fronteira, 1998.

O livro narra a história de amor entre uma cobradora de bonde de 36 anos e um estudante de 15 — o narrador. Depois de se conhecerem casualmente e se apaixonarem, passam a se encontrar e a fazer amor todos os dias. Nesses momentos, um ritual se repete: o adolescente lê, em voz alta, para a mulher, clássicos da literatura. Anos mais tarde, os dois se reencontram em um tribunal que julga aqueles que serviram ao nazismo: Hanna está entre os réus. Nesse momento, seu grande segredo (e sua maior vergonha) é compreendido pelo narrador: era analfabeta e essa condição a havia levado a fazer escolhas na vida que certamente teriam sido diferentes se soubesse ler e escrever. Mostra, de maneira muitas vezes dolorosa, a introjeção do preconceito pelo analfabeto em uma sociedade grafocêntrica. Mostra, ao mesmo tempo, a vivência de práticas de letramento por uma pessoa que não sabe ler nem escrever. Escrito pelo alemão Bernard Schlink em 1995, o livro já foi traduzido em vários países e nos leva a pensar sobre as relações entre história, memória, leitura e oralidade.

SEPÚLVEDA, Luis. *Um velho que lia romances de amor.* 2. ed. São Paulo: Relume Dumará, 2006.

O livro narra a história de Antonio José Bolívar Proaño, um velho que morava no pequeno vilarejo El Idilio, uma comunidade em que não havia nenhuma circulação do escrito, na floresta amazônica equatoriana. A partir do momento em que descobriu que sabia ler, com mais de sessenta anos, aproveitava todas as maneiras possíveis de conseguir livros (romances de amor — de preferência aqueles "com muito sofrimento e final feliz"), em geral trazidos pelos viajantes que passavam pelo vilarejo. Lia soletrando, não sabia escrever, mas se transportava, por meio da leitura, para mundos desconhecidos e difíceis de imaginar. De maneira delicada e tocante, o chileno Luis Sepúlveda nos mostra os usos do impresso por um indivíduo semialfabetizado, em uma comunidade rural e oral. A devastação ambiental e os conflitos entre índios, colonos, garimpeiros e a natureza selvagem constituem o cenário no qual a história transcorre. Escrito em 1989, o livro, que conquistou diversos prêmios, já foi traduzido para várias línguas e publicado em diversos países.

Filmes

Central do Brasil (Brasil, 1998, Direção Walter Salles, 112 min.).

O filme narra a história de Dora (Fernanda Montenegro), que ganha a vida escrevendo cartas, ditadas por analfabetos migrantes, na estação de trens Central do Brasil, no Rio de Janeiro. Uma das clientes de Dora é Ana, mãe de Josué, menino de 9 anos que sonha em encontrar o pai que nunca conheceu. Na saída da estação, Ana é atropelada e Josué fica abandonado. Depois de muita resistência, Dora acolhe o menino e envolve-se com ele, levando-o, enfim, ao interior de Pernambuco, em busca do pai, do qual sabe a existência e o endereço exatamente porque escrevia as cartas. O filme mostra, de maneira pungente, o lugar simbólico e social que ocupam a leitura e a escrita em uma sociedade grafocêntrica. Para saber mais sobre o filme, que recebeu duas indicações para o Oscar, ver, entre outros, www.centraldobrasil.com.br

Narradores de Javé (Brasil, 2003, Direção Eliane Caffé, 100 min.). Quando descobrem que o pequeno vilarejo onde moram será inundado para a construção de uma hidrelétrica, os moradores de Vale de Javé, na Bahia, decidem preparar um documento que reconstrua os grandes acontecimentos da história do lugar, como forma de tentar evitar a destruição. Antônio Biá (José Dumont) o único adulto alfabetizado da comunidade, funcionário da (quase sem movimento) agência dos correios, é escolhido para, a partir das memórias dos moradores, redigir o documento, que deve ter um caráter "científico". O filme mostra o lugar simbólico ocupado pelo escrito em uma comunidade em que a oralidade é predominante e discute, de modo delicado e sensível, as relações entre memória, tradição oral e cultura escrita. Existem muitos sites que comentam o filme, ganhador de vários prêmios nacionais e internacionais.

Fontes citadas

BRAZIL. Collecção das leis do Imperio do Brazil de 1881 — Parte I. Tomo XLIV/v. I — Rio de Janeiro: Typographia Nacional, 1882. (Arquivo Público Mineiro.)

IBGE. *Síntese dos Indicadores Sociais 2005*. Rio de Janeiro, IBGE, 2006. (Estudos e Pesquisas Informação Demográfica e Socioeconômica; v. 17.)

INEP. *Mapa do analfabetismo no Brasil*. Brasília, 2003.

PERNAMBUCO. Instrucção Pública. Regimento das Escolas de Instrucção Primaria. Recife: [Tip. De M. Figueirôa de Farias e Filhos], 1885. Documentação impressa. (Arquivo Público Estadual de Pernambuco Jordão Emerenciano.)

MATO GROSSO. Correspondência: Ofício (s/n.) para D. Aquino Corrêa — Governador do Estado de Mato Grosso. Lata A-1921. (Arquivo Público Estadual de Mato Grosso.)

Referências bibliográficas

ABRAMOVAY, Miriam; ANDRADE, Eliane Ribeiro. *Atividade de Avaliação Diagnóstica da EJA*: Programas Brasil Alfabetizado e Fazendo Escola. Rio de Janeiro, MEC/Unesco, mar. 2005.

AÇÃO EDUCATIVA/MEC. Breve histórico da educação de jovens e adultos no Brasil. In: *Educação de jovens e adultos:* proposta curricular para o 1º segmento do ensino fundamental. São Paulo: Ação Educativa/MEC/ Unesco, 1996.

ALEIXO, José Carlos Brandi. *O voto do analfabeto.* São Paulo: Loyola, 1982.

ARIÈS, Philippe; CHARTIER, Roger. *História da vida privada,* v. 3: da Renascença ao século das luzes, 8. ed. São Paulo: Companhia das Letras, 1991.

ARROYO, Miguel Gonzalez et al. (Orgs.). *Por uma educação do campo.* Petrópolis: Vozes, 2004.

AVANCINI, Marta (Ed.). *A educação na imprensa brasileira*: responsabilidade e qualidade da informação. Brasília: ANDI/MEC/Unesco, maio 2005.

BAGNO, Marcos. *Preconceito linguístico*: o que é, como se faz. 39. ed. São Paulo: Loyola, 2005.

BAKHTIN, Mikail. *A cultura popular na Idade Média e no Renascimento*: o contexto de François Rabelais. São Paulo: Hucitec, 1993.

BARTHES, Roland. *O rumor da língua.* Lisboa: Edições 70, 1987.

BEISIEGEL, Celso de Rui. *Estado e educação popular.* São Paulo: Pioneira, 1974.

______. A educação de jovens e adultos analfabetos no Brasil. *Alfabetização e cidadania,* São Paulo, n. 16, p. 19-27, jul. 2003.

BELTRÃO, Kaizô; NOVELLINO, Maria Salet. *Alfabetização por raça e sexo no Brasil*: evolução no período 1940-2000. Rio de Janeiro: Escola Nacional de Ciências Estatísticas/IBGE, 2002. (Textos para discussão; n. 1.)

BINZER, Ina von. *Os meus romanos*: alegrias e tristezas de uma educadora alemã no Brasil. 6. ed. Rio de Janeiro: Paz e Terra, 1994.

BOLETIM EDUCAÇÃO EM PAUTA, n. 2, jan. 2006.

BOURDIEU, Pierre. Gostos de classe e estilos de vida. In: ORTIZ, Renato (Org.). *Bourdieu.* São Paulo: Ática, 1983. p. 82-121.

______. Você disse popular? *Revista Brasileira de Educação,* São Paulo, n. 1, p. 16-26, jan./abr.1996.

BRANDÃO, Carlos Rodrigues. *O que é o método Paulo Freire*. São Paulo: Brasiliense, 2006. (Col. Primeiros Passos; n. 38.)

BRASIL. Ministério da Educação. *Pesquisa qualitativa*: o analfabetismo no Brasil. Brasília: MEC, jun. 2003.

BRUNER, Jerome. *Atos de significação*. Porto Alegre: Artes Médicas, 1997.

______. *Realidade mental, mundos possíveis*. Porto Alegre: Artes Médicas, 1998.

BURKE, Peter. *Cultura popular na Idade Moderna*. São Paulo: Companhia das Letras, 1989.

CARVALHO, Marta Maria Chagas. *Molde nacional e fôrma cívica*: higiene, moral e trabalho no projeto da Associação Brasileira de Educação (1924-1931). Bragança Paulista: Edusf, 1998.

CERTEAU, Michel de et al. A beleza do morto. In: CERTEAU, Michel de. *A cultura no plural*. Campinas: Papirus, 1995. p. 55-85.

CHARTIER, Roger. *A história cultural*: entre práticas e representações. Lisboa: Difel, s.d.

______. *Os desafios da escrita*. São Paulo: Editora da Unesp, 2002.

CHARTIER, Roger; ROCHE, Daniel. O livro: uma mudança de perspectiva. In: *História*: novos objetos. 3. ed. Rio de Janeiro: Francisco Alves, 1988.

CURY, Carlos Roberto Jamil. *Direito à educação*: direito à igualdade, direito à diferença. *Cadernos de Pesquisa*, n. 116, p. 245-262, jul. 2002. Disponível em: <http://www.scielo.br/scielo.php>.

DAHER, Andréa. Escrita e conversão: a gramática tupi e os catecismos bilíngues no Brasil do século XVI. *Revista Brasileira de Educação*, São Paulo, n. 8, p. 31-43, maio/ago. 1998.

DARNTON, Robert. *O grande massacre dos gatos e outros episódios da história cultural francesa*. São Paulo: Graal, 1986.

DEMARTINI, Zeila de Brito Fabri. Uma visão histórico-sociológica da educação da população rural em São Paulo. *Cadernos CERU*. São Paulo, n. 15, p. 7-32, 1981.

DI PIERRO, Maria Clara. *As políticas públicas de educação básica de jovens e adultos no Brasil do período 1985/1999.* Tese (Doutorado em Educação) — Pontifícia Universidade Católica, São Paulo, 2000. 360 p.

______. Descentralização, focalização e parceria: uma análise das tendências nas políticas públicas de educação de jovens e adultos. *Educação e Pesquisa,* São Paulo, v. 27, n. 2, p. 321-337, jul./dez. 2001.

EGAN, Kieran. Literacy and the oral foundations of education. *Harvard Educational Review,* v. 57, n. 4, p. 445-472, nov. 1987.

FARIA FILHO, Luciano Mendes de. Representações da escola e do analfabetismo no século XIX. In: BATISTA, Antônio Augusto Gomes; GALVÃO, Ana Maria de Oliveira (Orgs.). *Leitura*: práticas, impressos, letramentos. Belo Horizonte: Autêntica, 1998. p. 143-164.

FÁVERO, Osmar (Org.). *Cultura popular e educação popular*: memória dos anos 60. Rio de Janeiro: Graal, 1983.

FERRARO, Alceu Ravanello. Escola e produção do analfabetismo no Brasil. *Educação e Realidade.* Porto Alegre, v. 12, n. 2, p. 81-96, jul./dez. 1987.

______. História quantitativa da alfabetização no Brasil. In: RIBEIRO, Vera Masagão (Org.). *Letramento no Brasil.* São Paulo: Global, 2003. p. 195-207.

FERREIRO, Emilia. *Los adultos no alfabetizados y sus conceptualizaciones del sistema de escritura.* México: Instituto Pedagógico Nacional, 1983.

FOUCAULT, Michel. *A arqueologia do saber.* Petrópolis: Vozes, 1986.

FREIRE, Ana Maria Araújo. *Analfabetismo no Brasil.* São Paulo: Cortez; Brasília: INEP, 1989.

FREIRE, Paulo. *Ação cultural para a liberdade e outros escritos.* 10. ed. Rio de Janeiro: Paz e Terra, 1987.

______. *Educação como prática da liberdade.* 27. ed. Rio de Janeiro: Paz e Terra, 1996.

______. *Pedagogia do oprimido.* 41. ed. Rio de Janeiro: Paz e Terra, 2002.

GALVÃO, Ana Maria de Oliveira. *Cordel*: leitores e ouvintes. Belo Horizonte: Autêntica, 2001.

______. Oralidade, memória e a mediação do outro: práticas de letramento entre sujeitos com baixos níveis de escolarização — o caso do cordel. *Educação e Sociedade*, v. 81, n. 23, p. 115-142, dez. 2002.

GALVÃO, Ana Maria de Oliveira; SOARES, Leôncio. História da alfabetização de adultos no Brasil. In: ALBUQUERQUE, Eliana; LEAL, Telma (Org.). *A alfabetização de jovens e adultos em uma perspectiva de letramento*. Belo Horizonte: Autêntica, 2004.

GERKEN, Carlos Henrique de Souza. *Cultura oral, escrita e cognição na psicologia de Jerome Bruner*: dos amplificadores culturais aos modos narrativos e proporcionais. Caxambu, 25ª Reunião Anual da ANPEd, 2002.

GINZBURG, Carlo. *O queijo e os vermes*: o cotidiano e as ideias de um moleiro perseguido pela Inquisição. São Paulo: Companhia das Letras, 1991.

GOFFMAN, Erving. *Estigma*: notas sobre a manipulação da identidade deteriorada. 4. ed. Rio de Janeiro: LTC, 1988.

GOODY, Jack. *The domestication of the savage mind*. Cambridge: Cambridge University Press, 1977.

GRAFF, Harvey J. O mito do alfabetismo. *Teoria e Educação*. Porto Alegre, n. 2, p. 30-64, 1990.

______. *Os labirintos da alfabetização*: reflexões sobre o passado e o presente da alfabetização. Porto Alegre: Artes Médicas, 1994.

HADDAD, Sérgio. *Estado e educação de adultos (1964-1985)*. Tese (Doutorado em Educação) — Faculdade de Educação da Universidade de São Paulo, São Paulo, 1991. 360 p.

HADDAD, Sérgio e GRACIANO, Mariângela. Direito humano à educação. In: LIMA Jr., Jayme Benvenuto (Org.). *Relatório brasileiro sobre direitos humanos econômicos, sociais e culturais*. Recife: Editora Bargaço, 2003. v. 1, p. 199-252.

HADDAD, Sérgio; DI PIERRO, Maria Clara. Escolarização de jovens e adultos. *Revista Brasileira de Educação*, Rio de Janeiro, n. 14, p. 108-130, maio/ago. 2000.

HAVELOCK, Eric. The coming of literate communication to western culture. In: KINTGEN, E. R.; KROLL, Barry M.; ROSE, M. *Perspectives on literacy*. Carbondale and Edwardsville: Southern Illinois University Press, 1988. p. 127-134.

HEATH, Shirley Brice. What no bedtime story means: narrative skills at home and school. In: SCHIEFFELIN, Bambi B., OCHS, Elinor (Eds.). *Language socialization across cultures*. Cambridge: Cambridge University Press, 1987. p. 97-124.

HENRIQUES, Ricardo. *Desigualdade racial no Brasil*: evolução das condições de vida na década de 90. Rio de Janeiro: IPEA, jul. 2001. (TD 807.)

IZQUIERDO, Ivan. Memórias. *Estudos Avançados*. São Paulo, v. 3, n. 6, maio/ago. 1989.

LAHIRE, Bernard. *Homem plural*: os determinantes da ação. Petrópolis: Vozes, 2002.

LOPES, Eliane Marta Teixeira. *Da sagrada missão pedagógica*. Bragança Paulista: Editora Universitária São Francisco, 2003.

LURIA, A. R. *Pensamento e linguagem*: as últimas conferências de Luria. Porto Alegre: Artes Médicas, 1987.

______. *Desenvolvimento cognitivo*: seus fundamentos culturais e sociais. São Paulo: Ícone, 1990.

MATENCIO, Maria de Lourdes Meirelles. Analfabetismo na mídia: conceitos e imagens sobre o letramento. In: KLEIMAN, Ângela B. (Org.). *Os significados do letramento*: uma nova perspectiva sobre a prática social da escrita. Campinas: Mercado de Letras, 1995. p. 239-263.

MELLO, José Antônio Gonsalves de. *Tempo dos flamengos*. 4. ed. Rio de Janeiro: Topbooks, 2001.

MELLO, Sylvia Leser de; GOMES, Jerusa Vieira. O que pode ler o iletrado? *Travessia*, São Paulo, v. 5, n. 12, p. 21-24, abr. 1992.

MONTENEGRO, Fábio et al. (Coord.). *5º Indicador Nacional de Alfabetismo Funcional*: um diagnóstico para a inclusão social pela educação (Avaliação de leitura e escrita). São Paulo: Ação Educativa/Instituto Paulo Montenegro, set. 2005.

OLIVEIRA, Marta Kohl de. *Analfabetos na sociedade letrada*: diferenças culturais e modos de pensamento. *Travessia*, São Paulo, v. 5, n. 12, p. 17-20, jan./abr. 1992.

______. Jovens e adultos como sujeitos de conhecimento e aprendizagem. *Revista Brasileira de Educação*, v. 12, p. 59-73, 1999.

ONG, W. J. *Oralidade e cultura escrita*: a tecnologização da palavra. Campinas: Papirus, 1998.

PAIVA, Vanilda Pereira. Mobral: um desacerto autoritário I, II e III. *Síntese*. Rio de Janeiro, n. 23-24, 1981 e 1982.

______. *Educação popular e educação de adultos*. 2. ed. São Paulo: Loyola, 1983.

PALÁCIOS, Jesus. O desenvolvimento após a adolescência. In: COLL, C. et al. (Orgs.). *Desenvolvimento psicológico e educação*: psicologia evolutiva. Porto Alegre: Artmed, 1995.

PEREIRA, Ivani Aparecida. *A oralidade letrada de lideranças não escolarizadas*. Tese (Doutorado em Linguística) — Universidade Estadual de Campinas, Campinas, 1997. 199 p.

PFROMM NETO, Samuel; ROSAMILHA, Nelson; DIB, Claúdio Zaki. *O livro na educação*. Rio de Janeiro: Primor/INL, 1974.

RAMOS, Marise Nogueira. et al. (Coord.). *Referências para uma política nacional de educação do campo*: caderno de subsídios. Brasília: MEC/Grupo Permanente de Trabalho de Educação do Campo, 2004.

RATTO, Ivani. Ação política: fator de constituição do letramento do analfabeto adulto. In: KLEIMAN, Ângela B. (Org.). *Os significados do letramento*: uma nova perspectiva sobre a prática social da escrita. Campinas: Mercado de Letras, 1995. p. 267-290.

REGO, Lúcia Lins Browne. *Literatura infantil*: uma nova perspectiva de alfabetização na pré-escola. São Paulo: FTD, 1990.

RIBEIRO, Vera Masagão. *Alfabetismo e atitudes*: pesquisa com jovens e adultos. Campinas: Papirus, 1999.

______ (Org.). *Letramento no Brasil*. São Paulo: Global, 2004.

______ et al. *Metodologia da alfabetização*: pesquisas em educação de jovens e adultos. São Paulo: Cedi; Campinas: Papirus, 1992.

ROCHA, Heloísa Helena Pimenta. *Imagens do analfabetismo*: a educação na perspectiva do olhar médico no Brasil dos anos 20. Dissertação (Mestrado em Educação) — Faculdade de Educação da Unicamp, Campinas, 1995. 136 p.

RODRIGUES, José Honório. O voto do analfabeto e a tradição política brasileira. In: *Conciliação e reforma no Brasil*: um desafio histórico-político. Rio de Janeiro: Civilização Brasileira, 1965. p. 135-163.

ROSEMBERG, Fúlvia. Raça e desigualdade educacional no Brasil. In: AQUINO, Julio Groppa de (Coord.). *Diferenças e preconceito na escola*: alternativas teóricas e práticas. São Paulo: Summus, 1998. p. 73-91.

SCRIBNER, Silvia; COLE, Michael. *Culture and thought*: a psicological introduction. New York: John Wiley and Sons, 1974.

SILVA, Sandra Batista Araujo. Práticas religiosas pentecostais e processos de inserção na cultura escrita (Pernambuco, 1950-1970). *Educação em foco*. Recife: Fundação Joaquim Nabuco (no prelo).

SOARES, Leôncio. *Educação de adultos em Minas Gerais*: continuidades e rupturas. Tese (Doutorado em Educação) — Faculdade de Educação da Universidade de São Paulo, São Paulo, 1995. 314 p.

SOARES, Magda Becker. Universidade, alfabetização e cidadania. *Caminhos*. Belo Horizonte, n. 1, p. 37-41, jun. 1990.

______. Língua escrita, sociedade e cultura. *Revista Brasileira de Educação*. São Paulo, n. 0, p. 5-16, set./dez. 1995.

______. *Letramento*: um tema em três gêneros. Belo Horizonte: Autêntica, 1999.

______. Alfabetização: a ressignificação do conceito. *Alfabetização e Cidadania*. São Paulo, n. 16, p. 9-17, jul. 2003.

SOARES, Magda Becker. Letramento e alfabetização: as muitas facetas. *Revista Brasileira de Educação*. Rio de Janeiro, n. 25, p. 5-17, jan./abr. 2004.

STREET, B. V. *Social literacies*: critical approaches to literacy in development, ethnography and education. London and New York: Longman,1995.

TEBEROSKY, Ana; FERREIRO, Emilia. *Psicogênese da língua escrita*. Porto Alegre: Artmed, 1999.

VÓVIO, Cláudia Lemos. *Textos narrativos orais e escritos produzidos por jovens e adultos em processo de escolarização*. Dissertação (Mestrado em Educação) — Faculdade de Educação da Universidade de São Paulo, São Paulo, 1999. 237 p.

VYGOTSKY, L. S.; LURIA, A. R.; LEONTIEV, A. N. *Linguagem e desenvolvimento*. São Paulo: Ícone, 1988.

Documentários em vídeo

Leituras de um analfabeto, direção de Carlos Alberto Vicalvi, TV Cultura, 1991.

Travessia no escuro, direção de Dorrit Harazim, Vídeo Filmes, 2002.

Glossário

Alfabetismo/letramento — Essas duas palavras podem ser utilizadas como sinônimos e referem-se às práticas sociais de uso da leitura e da escrita. Quando falamos em experiências de letramento ou de alfabetismo, por exemplo, estamos nos referindo a vivências, individuais ou coletivas, que se organizam em torno do escrito. Quando nos referimos a graus ou níveis de letramento ou de alfabetismo, por sua vez, estamos falando da frequência, variedade e qualidade dos usos que as pessoas ou comunidades fazem da leitura e da escrita. Esse domínio não pode ser facilmente medido, já que depende, essencialmente, das demandas em torno dessas habilidades exigidas pelo contexto sociocultural em que esses indivíduos ou grupos estão inseridos.

Alfabetização — Depois que o termo letramento passou a ser de uso corrente no Brasil, a alfabetização passou a se referir, especificamente, ao processo de ensino e aprendizagem do sistema de notação alfabético, envolvendo as habilidades de leitura e de escrita. Evidentemente, o domínio inicial da leitura e da escrita está indissociavelmente vinculado aos usos que são feitos dessas habilidades, por isso a expressão *alfabetizar letrando* tem sido bastante utilizada como orientação para a prática dos professores. É importante também destacar que o significado do termo alfabetização sofreu transformações em função da elevação das exigências sociais de conhecimento para a participação na sociedade, com repercussões sobre as políticas públicas. Para o Censo Demográfico, por exemplo, até os anos 50, alfabetizado era o indivíduo que sabia escrever o nome; atualmente, é aquele que consegue escrever um bilhete simples.

Analfabetismo funcional/analfabeto funcional — A expressão se refere àquelas pessoas ou comunidades que, embora tenham sido alfabetizadas, não conseguem usar, com propriedade, a leitura e a escrita em práticas sociais. Refere-se, portanto, a indivíduos e grupos que têm baixos graus de letramento. Assim, embora saibam "decodificar", não conseguem, por exemplo, preencher um formulário de emprego ou localizar uma informação simples em um texto de jornal.

Escrita — Na dimensão individual, a escrita compreende as habilidades de transcrever fonemas em grafemas, organizando-os em um sistema convencional de notação, de modo a expressar ideias e lograr a comunicação desejada com um leitor potencial. Em sua dimensão histórica e social, a escrita corresponde aos sistemas padronizados de representação gráfica (cuneiforme, hieroglífico, alfabético, ideográfico) desenvolvidos por distintos povos desde a Antiguidade para o registro de fatos, mensagens e ideias, compreendendo também os suportes e as tecnologias de seu registro e difusão (a imprensa, por exemplo).

Leitura — Na sua dimensão social, compreende o conjunto de práticas por meio das quais uma determinada coletividade se relaciona, em cada momento histórico singular, com materiais escritos, em sua diversidade de suportes, gêneros e usos. Na dimensão individual, consiste no conjunto de conhecimentos e habilidades que permitem às pessoas relacionar símbolos escritos com unidades sonoras de comunicação, de modo a decodificar palavras escritas, apreender seu sentido e atribuir significado a textos escritos, integrando conhecimentos previamente adquiridos a respeito do objeto da comunicação.

Sociedade grafocêntrica — Sociedade fundada na escrita, em que as principais instituições se estruturam em torno do escrito e do impresso, que constituem a forma e veículo de comunicação prestigiados. É muito difícil, para aqueles que não sabem ler e escrever, gozarem plenamente de seus direitos como cidadãos em contextos sociais desse tipo. Embora as formas de comunicação oral não estejam ausentes, o domínio e o uso da leitura e da escrita são requeridos cotidianamente. Em geral, é nas cidades que essas demandas ocorrem de uma maneira mais forte.

coleção
PRECONCEITOS

leia também

Vol.1 PRECONCEITO CONTRA A MULHER: diferença, poemas e corpos

Sandra Azerêdo
120 págs. 2ª edição (2013)
ISBN 978-85-249-1704-2

Preconceito contra a mulher? Parece absurdo, já que as mulheres estão em toda parte. Este livro enfatiza que não existe uma essência de mulher que estaria na origem do preconceito contra ela. Tem como objetivo desafiar a busca de origem, que tenta capturar a essência e a identidade.

Vol. 3 PRECONCEITO CONTRA A ORIGEM GEOGRÁFICA E DE LUGAR: as fronteiras da discórdia

Durval Muniz Albuquerque Júnior
136 págs. 2ª edição (2012)
ISBN 978-85-249-1911-4

Este livro quer contribuir para que nessa época em que parecemos mais próximos, possamos compreender e aceitar as diferenças que nos separam, entendendo-as como produto de percursos distintos que os grupos humanos fizeram na história.

coleção PRECONCEITOS

leia também

Vol. 4 PRECONCEITO CONTRA AS PESSOAS COM DEFICIÊNCIA: as relações que travamos com o mundo

João Ribas
120 págs. 2ª edição (2011)
ISBN 978-85-249-1705-9

Este livro baseia-se na vivência de inúmeras pessoas com deficiência e na convivência delas com o mundo. Trata das histórias de vida, dos relatos das situações vividas, da narrativa das nossas convivências.

Vol. 5 PRECONCEITO CONTRA HOMOSSEXUALIDADES: a hierarquia da invisibilidade

Marco Aurélio Máximo Prado e
Frederico Viana Machado
144 págs. 1ª edição (2008)
ISBN 978-85-249-1356-3

Este livro objetiva sustentar o argumento de que o preconceito, como um mecanismo social, colabora e produz formas subalternas de cidadanias e que o enfrentamento contra essas subalternidades exige um alargamento do campo do político.

coleção
PRECONCEITOS

leia também

Vol. 6 PRECONCEITO RACIAL: modos, temas e tempos

Antonio Sérgio A. Guimarães
144 págs. 1ª edição (2008)
ISBN 978-85-249-1355-6

Desigualdades raciais, racismo, discriminação,democracia racial e ações afirmativas fazem parte não apenas do vocabulário político de resistência ao preconceito. Este volume trata do preconceito de raça e de cor no Brasil, valendo-se do conhecimento desenvolvido pelas Ciências Sociais contemporâneas.

Vol. 7 PRECONCEITO CONTRA A FILIAÇÃO ADOTIVA

Carmem Lucia Eiterer
Ceris Salete Ribas da Silva e
Walter Ute
104 págs. 1ª edição (2011)
ISBN 978-85-249-1732-5

Este livro apresenta o polêmico tema das restrições e preconceitos presentes nos processos de adoção de crianças, abordando: o papel da família em nossa sociedade e de como o preconceito está associado à noção de família e aborda os modelos de famílias que despontam desde o século XIX até o XXI, a fim de fornecer elementos para a reflexão sobre o tema da adoção.